KB091394

유니티3D 게임 스크립트

Korean edition copyright ⓒ 2015 by acorn publishing Co. All rights reserved.

Copyright ⓒ Packt Publishing 2014.
First published in the English language under the title
'Unity Game Development Scripting (9781783553631)'

이 책은 Packt Publishing과 에이콘출판㈜가 정식 계약하여 번역한 책이므로
이 책의 일부나 전체 내용을 무단으로 복사, 복제, 전재하는 것은 저작권법에 저촉됩니다.

C# 실전 예제로 배우는

유니티3D 게임 스크립트

카일 다우스트 지음 | 김홍중 옮김

지은이 소개

카일 다우스트 Kyle D'Aoust

약 10년의 프로그래밍 경력을 지니고 있다. 14세 무렵인 2004년에 독학으로 C++ 언어를 익혔고, 고등학교를 마칠 무렵에는 비주얼 베이직과 자바스크립트도 습득했다. 대학에서 게임 제작을 전공했으며 C#을 사용하는 유니티 엔진 전문가다.

대학을 졸업한 뒤 '소프트웨어 게임화gamifying software'로 경력을 쌓기 시작했다. 지금은 퀴큰 론즈Quicken Loans에서 기능성 게임Serious Game 개발자로 일하면서 교육용 자재로 쓰이는 게임을 개발하고 있다.

내 행보를 지지해준 부모님께 감사한다.

기술 감수자 소개

마르시엡 발리자칸 Marcieb Balisacan

필리핀에서 독립 게임 개발자, 기획자, 제작자로 일하고 있다. 컴퓨터과학과 멀티미디어를 전공했으며 2006년 이후 몇 개의 모바일 게임과 소셜 네트워크 게임을 발표했다. 게임 개발에 관한 열정은 음악과 이야기 창작에 필적할 정도며, 예술 창작에 쏟는 사랑을 이 모든 일에 고루 나누고 있다. 현재 스타트업 게임 개발 스튜디오인 풀마나 스튜디오(www.fullmana.com)의 공동 설립자이자 시너지 88 스튜디오의 수석 게임 엔지니어로 컴퓨터 게임의 기획과 개발을 이끌고 있다.

> 이 책을 감수하는 동안 밤잠을 잊게 해준 갓 태어난 내 아들 이던 코드 Aedan Chord에게 감사한다.

파울로 바베이로 Paulo Barbeiro

1999년 웹 디자이너로 일하면서 디지털 세계를 창조하는 일과 인연을 맺기 시작했다. 지난 15년간 프론트엔드와 백엔드를 넘나들며 웹 개발, 모바일 앱, 게임, 전자 예술 분야에 종사해왔으며 창의적인 코딩 원리와 기법을 가르쳐왔다.

그래픽 디자이너로 학위를 받았지만 늘 디지털 환경 개발에 애착을 지니고 있었던 만큼 자연스럽게 컴퓨터과학 쪽으로, 특히 게임 개발과 컴퓨터 그래픽 쪽으로 진로를 변경했다. 소프트웨어 개발에 관한 한, 예술적 창의성과 논리적 사고를 따로 떼어놓을 수 없으며 함께 활용해야 한다고 믿고 있다.

유니티3D를 버전 1부터 사용해온 파울로는 기꺼이 이 책의 기술 감수자로 공헌하기로 했다. 팩트 출판사의 팬더3D Panda3D 관련 서적에 공헌하기도 했다.

현재 브라질 상파울로에 거주 중인 파울로는 SESC SP의 수석 개발자로서 틱태스크두 ^{TicTaskDo}란 모바일 앱을 개발하고 있으며 디지털 아트, 코딩, 대화형 환경을 주제로 이벤트와 세미나를 개최하고 있다.

볼로디미르 게라시모프 ^{Volodymyr Gerasimov}

우크라이나의 빈니차에 거주 중인 게임 개발자다. 레벨 디자이너, 제작자, 게임 개발자로서 지난 5년간 익혀온 게임 디자인과 스크립트를 자신의 작업에 적용해오고 있다.

밴쿠버 예술학교에서 게임 아트와 디자인 부문 학위를 받았고 홀리마운틴 게임즈, 베스트 웨이, 게임로프트 같은 회사에서 일했다. 지금은 모바일 플랫폼용 타이틀을 개발하는 독립 게임 개발자로 일하고 있다.

새로운 기술의 습득을 즐기며 또 게임 디자인을 가르치거나 팩트 출판사에서 펴낸 『유니티 3.x 스크립트』 책의 저술에 참여하는 등 자신이 배운 기술을 친구, 동료, 세상 모두와 공유하는 일을 즐긴다.

> 성취욕을 일깨워주고 성공을 갈망할 수 있는 힘을 주는 선배들과 동료들에게 감사한다.

댄 링맨 ^{Dan Lingman}

현재 캐나다 오타와에 있는 알곤퀸 대학의 게임개발학과 교수다. 1981년 코모도어 PET에서 게임 개발을 시작했으며 30년 넘게 소프트웨어 개발, 특히 게임 개발에 열정을 불태우고 있다. 손에 꼽기도 힘들 정도로 많은 회사를 거치며 다양한 플랫폼을 사용해서 모든 형태의 소프트웨어를 개발해왔다. 최근에는 미국작가협회상 수상 후

보로 오르기도 한 'Schr-dinger's Cat and Raiders of the Lost Quark'의 코딩에 참여했다. 요즘 그의 관심은 온통 유니티 5.0의 새로운 순차적 던전 생성 기능과 적응형 AI에 쏠려 있다.

코너 오케인 Conor O'Kane

더블린 출신의 게임 개발자이자 강사다. 멜버른에 있는 게임 개발사인 Io Normal 사의 디렉터로 일하면서 RMIT 대학에서 게임 디자인, 캐릭터 모델링과 리깅, 빠른 프로토타이핑, 모바일 게임 개발에 관해 강의하고 있다.

멜버른에서 아내, 두 아이와 함께 살고 있으며, 비디오 게임을 만들다 짬이 날 때는 아이리시 플루트 연주를 즐기곤 한다.

프란체스코 사피오 Francesco Sapio

우수한 성적으로 컴퓨터과학과 제어공학을 전공하고 있는 이탈리아 학생이다. 곧 졸업을 앞두고 있으며 세 살 때부터 키워온 컴퓨터과학에 관한 열정에 이끌려 인공지능과 로봇공학 석사 과정을 밟을 예정이다. 세 살 때 처음 만져본 매킨토시는 그의 인생을 완전히 바꿔놓았다.

최근에는 호텔 관리 시스템을 개발하고 있으며 주요 OTA 포털과 예약 기능을 연계한 호텔 웹사이트를 구축했다. 그 밖에 유니티3D 전문가이자 노련한 게임 디자이너로 주요 그래픽 프로그램을 다루는 데 일가견이 있다. 몇 년간 배우 겸 댄서로 일했으며 로마에 있는 브란카치오 극장의 주빈이기도 했다.

음악가, 작곡가로서 단편 영화와 비디오 게임용 사운드트랙을 작곡하기도 한다. 최근에는 수많은 어린이를 피아노 연주의 세계로 이끄는 데 힘을 보태고 있으며 매우 활발한 성격이다. 애니메이터기도 하며 고등학생과 대학생을 대상으로 수학, 음악 개인 교습도 하고 있다.

수학, 철학, 퍼즐 풀이도 좋아하지만, 무엇보다도 비디오 게임 제작을 사랑한다. 게임 기획과 프로그래밍에 관한 열정 때문에 게임 디자이너로서 명성과 성공을 모두 얻는 꿈을 꾸고 있다. 그리고 자신의 꿈에 약간의 긍지를 지니고 있기도 하다.

끝없는 인내로 나를 키우고 지지해준 부모님께 깊이 감사한다. 특히 아버지가 없었다면 지금의 나도 없었을 것이다. 또한 다른 가족들과 친구들에게도 감사한다. 특히 항상 내가 힘을 낼 수 있게 "Ad Maiora(잘 될 거야.).", "Per aspera ad astra(고난을 넘어 별을 향해.)."라는 라틴 어구로 용기를 북돋아준 할아버지에게 감사한다.

이 밖에도 팩트 출판사 모두에게, 특히 출판 세계로 안내해준 전 담당자와 다정한 현재 담당자에게 감사의 인사를 전하고 싶다.

마지막으로 내가 무얼 하든 지지해준 약혼자에게 감사한다. 사랑해.

옮긴이 소개

김홍중(planetar@gmail.com)

중앙대학교 컴퓨터공학과를 졸업했다. 재학 중에 삼성소프트웨어 멤버십 회원으로 활동하다 삼성전자에 입사했고, DM 연구소, VD 사업부에 근무하면서 윈도우CE, 임베디드 리눅스 환경에서 PDA, 셋톱박스, DTV 등 다양한 기기에 들어가는 애플리케이션을 개발했다.

2007년, 답답한 삶을 털어내고 훌쩍 미국으로 날아가 한껏 여유를 즐기다가 빈손으로 돌아왔다. 이후 웹 호스팅사, 게임 개발사를 거치며 다양한 iOS 앱을 개발해왔으며 요즘은 번역가, 프리랜서로 연명하면서 독립 개발자로 진정한 '독립'을 꿈꾸고 있다.

에이콘출판사에서 출간한 『iOS 5 게임 프로그래밍』(2012년), 『Beginning Windows Phone 7 Development 한국어판』(2011년), 『아이폰 UI 디자인 프로젝트』(2010년), 『The iPhone Developer's Cookbook (Second Edition) 한국어판』(2010년) 등을 번역했다.

옮긴이의 말

2009년 즈음 마주한 유니티3D의 첫인상은 솔직히 썩 좋지 않았다. 유니티가 원래 게임 엔진으로 만들어진 툴도 아니었고 유니티로 개발했다고 광고하던 게임이 하나같이 조악했던 탓도 있었겠지만, 단순히 낮은 품질의 3D 게임을 빨리 찍어낼 수 있는 툴 정도라고 생각했기 때문이다. 하지만 이런 섣부른 판단으로 한쪽 눈을 감고 있던 사이에 점점 게임 엔진의 기능을 갖추며 성능을 개선해온 유니티는 어느새 모바일 게임 개발에 가장 널리 쓰이는 개발 툴의 자리를 차지했다. 쉽게 배우고 빠르게 개발할 수 있으며 다양한 플랫폼을 지원한다는 장점과 더불어, 전 세계의 개발자와 리소스를 공유할 수 있는 에셋 스토어 역시 빼놓을 수 없는 유니티만의 장점이다. 아직 다소 빈약한 2D 지원과 대규모 게임을 개발하기에는 부족한 기능 등 넘어야 할 산이 있긴 하지만, 유니티는 한동안 모바일 게임 개발 툴 왕좌의 자리를 내주지 않을 것이라고 생각한다.

이 책은 유니티3D로 게임을 개발하는 과정 중에서도 순수하게 프로그래밍의 영역에 해당하는 C# 스크립트 작성 방법을 소개한다. 책이 안내하는 대로 사용자의 입력 처리, GUI, 아이템, 인벤토리, 인공지능, 통계, 세이브, 소리, 설정 등의 다양한 기능을 스크립트로 만들고 또 테스트하다 보면 자신의 게임에 꼭 필요한 스크립트 작성 방법을 찾게 될 것이다. 스크립트 작성이 게임 개발의 전부는 아니므로 게임을 완성하려면 아직 가야 할 길이 많이 남아있겠지만, 언젠가 모바일 앱 마켓이라는 망망대해 어디선가 여러분을 만나게 되길 기대한다.

Bon voyage!

목차

지은이 소개 5

기술 감수자 소개 6

옮긴이 소개 10

옮긴이의 말 11

들어가며 20

1장 입력   25

컨트롤 선택 26

   필요한 컨트롤 매핑 26

   입력 관리자 확인 26

   Xbox 360 컨트롤러의 입력 확인 27

   컨트롤러 입력 추가 28

   시작 버튼과 트리거 입력 추가 28

   방향 패드 입력 추가 28

   PC 컨트롤 입력 추가 29

컨트롤 스크립트 작성 29

   스크립트 생성과 이름 변경 29

   스크립트 초기화 30

장치 인식 기능 구현 30

   필요한 변수 추가 30

   장치 인식 함수 생성 30

   식별 함수 생성 31

준비한 걸 보여주지! 32

   각 컨트롤이 사용할 변수 추가 32

   변수를 표시하는 함수 추가 33

바꿔! 35

   컨트롤 프로파일 생성 35

   프로파일 전환 함수 추가 36

GUI와 상호작용할 함수 추가 36
커스터마이징이 핵심이다 37
컨트롤 스킴 전환 37
GUI에 컨트롤 스킴 전환 버튼 추가 41
컨트롤 입력을 돌려가며 사용 42
GUI에 컨트롤 팝업 추가 46
컨트롤 리셋 47
리셋 함수 추가 47
리셋 입력 추가 48
플레이 테스트 49
요약 49

2장   GUI   51

전통적인 2D UI 52
신 설정 52
2D UI 스크립트 작성 53
GUI 버튼 생성 53
체력 바 생성 54
레벨 표시 55
경험치 바 생성 55
3D UI 스크립트 작성 57
3D 체력 바 생성 57
3D 피해량 알림 생성 59
업데이트 함수 수정 60
피해량 알림 마무리 62
3D 이름표 생성 63
플레이 테스트 64
요약 65

3장   확장 가능한 아이템 클래스   67

셀프 아이템 클래스 68
필요한 변수 추가 68
능력치 변경 함수 69

체력 변경 함수 69

방어력 변경 함수 69

아이템 효과 발동 함수 70

근접 아이템 클래스 71

필요한 변수 추가 71

능력치 변경 함수 72

체력 변경 함수 72

주위 오브젝트와 상호작용 72

트리거 감지 73

발사 아이템 클래스 74

필요한 변수 추가 74

능력치 변경 함수 75

체력 변경 함수 76

움직임 추가 76

트리거 감지 77

플레이 테스트 79

요약 80

4장   인벤토리 **81**

인벤토리의 특징 82

인벤토리의 허용치 82

인벤토리의 사용법 83

인벤토리 정리 방법 83

아이템의 수량 변화 84

아이템 거래 84

아이템을 줍거나 버린다 84

아이템의 파괴와 사용 85

인벤토리 표시 85

인벤토리 스크립트 생성 85

스크립트 생성과 이름 변경 85

필요한 변수 추가 86

인벤토리 초기화 87

초기화 함수 생성 87

아이템 추가 88

기능 구상...89

아이템 추가 함수 생성...................................89

아이템 제거...91

기능 구상...91

아이템 제거 함수..91

퀵 아이템 설정...93

간단한 퀵 아이템 설정...................................93

인벤토리 표시...94

인벤토리 전용 입력...94

GUI 표시...94

GUI 구현...95

플레이 테스트...96

테스트 신 생성...97

아이템 추가 테스트...99

아이템 제거 테스트.......................................100

기타 테스트 방법.....................................101

요약..102

5장   인공지능   103

AI 기법...104

유한 상태 머신..104

행동 트리 형태의 AI 시스템........................105

AI 기법의 결합..106

스크립트 작성..107

내부 효과와 외부 효과...........................109

외부 효과..109

내부 효과..110

효과 스크립트 작성.......................................110

길 찾기...115

경유지를 사용해서 경로 생성......................116

유니티의 NavMesh 시스템...........................116

테스트 환경 설정..116

NavMesh 생성..117

변수 추가..120

길 찾기를 적용할 함수의 스크립트 작성 ·························· 121

캐릭터 애니메이션 ·· 124
모델 메시 추가 ··· 124
애니메이션 스크립트 작성 ····································· 126
AI 패키지 제작 ·· 127
코드 마무리 ·· 127
인스펙터 마무리 ·· 129
플레이 테스트 ·· 129
요약 ··· 129

6장   점수와 통계 ··· **131**

통계 프로토타이핑 ·· 132
플레이어에게 통계 부여 ·· 132
통계 추적 기능 ·· 133
통곗값 설정 ·· 133
통계 리셋 ·· 135
PlayerPrefs 리셋 ·· 136
PlayerPrefs 저장 ·· 136
PlayerPrefs 설정 ·· 137
PlayerPrefs의 특정 값 리셋 ··································· 138
화면에 통계 표시 ·· 139
업적 시스템 ·· 141
업적 프로토타이핑 ·· 141
업적에 필요한 변수 추가 ······································ 142
업적 리셋 ·· 142
업적 추적 기능 ·· 143
적을 죽인 횟수 추적 ·· 143
상금 총액 추적 ··· 144
소비한 돈 추적 ··· 146
플레이어의 레벨 추적 ·· 147
승리한 라운드 수 추적 ··· 148
플레이한 시간 추적 ·· 149
업적 확인 ··· 151
특정 업적 확인 ··· 151

모든 업적 확인 152

업적을 화면에 표시 152

GUI 함수 추가 152

플레이 테스트 157

요약 158

7장 세이브와 로드   159

플랫 파일에 데이터 저장 160

필요한 변수 추가 160

플랫 파일 저장 161

플랫 파일 삭제 162

플랫 파일 로드 163

파일 로드 163

XML 저장 시스템 164

XML 파일 생성 164

XML을 사용해서 데이터 저장 166

필요한 변수 추가 166

플레이어의 데이터 저장 167

적 데이터 저장 168

XML을 사용해서 데이터 로드 171

플레이어 데이터 로드 172

적 데이터 로드 174

SaveHandler 스크립트 생성 176

체크포인트 세이브 시스템 177

항시 세이브 시스템 177

플레이 테스트 178

요약 181

8장 소리   183

배경음악 183

임의 재생 시스템 생성 184

플레이리스트 재생 시스템 추가 185

배경음악 재생 시스템 마무리 186

주변 소리 187

    스크립트와 변수 생성 187

    변수 초기화 188

    주변 소리 재생 189

음향 효과 190

    스크립트와 변수 생성 190

플레이 테스트 192

요약 194

9장   게임 설정   195

최적화할 설정 검토 196

비디오 설정 생성 196

    기본값 설정 196

    그림자 변경 197

    시야각 설정 198

    해상도 설정 199

    앤티에일리어싱 속성 변경 200

    수직 동기화 설정 200

    기본 품질 설정 변경 201

    설정 로드 201

오디오 설정 생성 202

    기본값 설정 202

    볼륨 설정 203

    스피커 모드 설정 204

설정 메뉴 생성 205

    준비 작업 205

    GUI 생성 206

    모든 설정 값 저장 209

    모든 설정 값 로드 210

플레이 테스트 210

요약 212

10장 실전 게임 프로젝트 **213**

레벨 생성 213
　메인 메뉴 214
　게임 플레이에 사용할 레벨 215

플레이어 상호작용 생성 216
　사격과 일시 정지 217
　물약 획득 217

사운드 추가 218
　배경음악 재생 218
　주변 소리 추가 219

GUI 구현 219
　스크립트 추가 219

통계 추적 220
　스크립트 추가 220

세이브와 로드 221
　스크립트 추가 221

마무리 작업 221
　승리 조건 추가 221
　AI 적용 222
　아이템 마무리 223
　레벨 추가 223

플레이 테스트 223
요약 224

찾아보기 225

들어가며

이 책은 게임을 만들 때 유용하게 활용할 수 있는 다양한 주제를 다루고 있다. 게임을 개발하면서 스크립트를 작성하다 보면 다시 만들고 싶지 않은 코드를 상당히 많이 작성할 수밖에 없다. 이 책은 이런 문제를 해결하는 데 도움을 준다. 게임의 구성 요소를 다른 프로젝트에서 다시 사용할 수 있게 모듈화하는 방법을 소개하려 한다. 유니티 게임 스크립트 작성 방법을 이미 알고 있더라도 이 책을 통해 수준을 한 단계 높일 수 있다.

이 책의 내용

1장 '입력'에서는 Xbox 360 컨트롤러용 컨트롤과 마우스/키보드용 컨트롤을 생성하는 방법을 상세하게 살펴본다. 또 플레이어가 원하는 방식으로 게임을 플레이할 수 있게 커스터마이징이 가능한 컨트롤 프로파일도 만들어본다.

2장 'GUI'는 2D와 3D GUI 요소를 만드는 방법을 소개한다. 체력 바, 플레이어 정보, 3D 체력 바, 3D 피해량 알림, 적 이름표 등을 만들어본다.

3장 '확장 가능한 아이템 클래스'는 셀프 아이템, 근접 아이템, 발사 아이템에 사용할 아이템 클래스를 만드는 방법을 알려준다. 그런 다음, 아이템을 역할에 따라 체계적으로 분류해본다.

4장 '인벤토리'는 게임의 인벤토리 시스템을 만드는 방법을 가르쳐준다. 아이템 추가, 아이템 제거, 퀵 아이템 등 기본적인 인벤토리의 구성 요소를 만들어본다. 마지막으로 GUI에 인벤토리를 표시하는 방법도 소개한다.

5장 '인공지능'에서는 살아 움직이는 듯한 인공지능을 만드는 방법을 보여준다. 유한 상태 머신과 행동 트리를 소개하고 이런 인공지능 시스템을 사용해서 행동, 효과, 애니메이션, 길 찾기, 경유지 시스템 등을 처리해본다.

6장 '점수와 통계'에서는 플레이어에게 필요한 통계를 생성하고, 추적하고, 저장하는 방법을 소개한다. 또 통계와 연계해서 업적 시스템도 만들어본다.

7장 '세이브와 로드'에서는 플랫 파일과 XML 파일을 사용해서 데이터를 세이브, 로드하는 시스템을 만드는 방법을 소개한다. 그런 다음에 이런 시스템을 사용해서 체크포인트를 기준으로 하는 세이브 시스템과 언제 어디서든 세이브할 수 있는 시스템을 구현해본다.

8장 '소리'에서는 배경음악, 주변 소리, 음향 효과를 처리하는 시스템을 만드는 방법을 소개한다. 플레이 리스트 시스템, 임의 재생 시스템, 이벤트 기반 시스템이 여기에 속한다.

9장 '게임 설정'에서는 오디오, 비디오 설정을 입맛에 맞게 바꾸는 방법을 소개한다. 또 PlayerPrefs를 사용해서 설정을 저장하고 로드하는 기능을 만들어본다.

10장 '실전 게임 프로젝트'에서는 앞서 배운 거의 모든 내용을 작은 게임으로 취합한다. 앞서 소개한 다양한 요소를 사용해서 간단한 1인칭 액션 RPG 게임을 만들어본다.

준비물

책의 내용을 실습해보는 데 필요한 준비물은 스크립트를 작성할 유니티3D와 XML 파일을 만들 노트패드++뿐이다. XML 파일은 다른 프로그램으로도 만들 수 있지만 사용하기도 쉽고 프로그래머라면 한 번쯤 써봐야 할 멋진 프로그램인 노트패드++를 사용한다.

이 책의 대상 독자

이 책은 프로그래밍과 스크립트 작성에 관한 지식을 어느 정도 갖추고 있으며 유니티3D를 사용해서 게임 개발을 시작하려는 독자를 대상으로 한다. 이미 유니티3D를 사용하고 있더라도 게임 플레이 요소를 모듈화하는 방법을 다루는 이 책은 여전히 유용할 수 있다.

이 책의 편집 규약

전달하려는 정보의 종류에 따라 텍스트를 다양한 방식으로 표현하려 한다. 표현 방식의 형태와 의미를 예와 함께 설명하면 다음과 같다.

본문 내의 코드는 다음과 같이 나타낸다. "리셋 함수는 SetDefaultValues() 함수를 호출한 뒤에 두 개의 변수를 리셋한다."

코드 블록은 다음과 같이 표기한다.

```
void Reset()
{
  SetDefaultValues();
  ShowPopup = false;
  PreviousKey = KeyCode.None;
}
```

화면상의 메뉴나 대화 상자에 나와 있는 단어는 다음과 같이 표시한다. "먼저 Edit 메뉴를 클릭하고 Project Settings를 선택한 뒤 Input을 클릭한다."

독자의 의견

독자의 의견은 언제나 환영한다. 좋은 점이든 나쁜 점이든 책에 관한 생각을 알려주길 바란다. 독자의 소중한 의견은 더 나은 책을 만드는 데 도움을 주며 그렇게 만들어진 책은 결국 다시 독자의 품으로 되돌아간다.

의견을 보낼 때는 꼭 메일 제목에 책 이름을 적어서 feedback@packtpub.com으로 보내주길 바란다.

자신의 전문 분야나 흥미 분야에 관해 저술하고 싶거나 저술에 참여하고 싶다면 www.packtpub.com/authors의 저자 안내를 참고하길 바란다.

고객 지원

이제 팩트 출판사의 자랑스러운 고객에게 이 책의 충분한 활용을 돕는 약간의 부가 정보를 안내하려 한다.

예제 코드 다운로드

팩트 출판사 홈페이지인 http://www.packtpub.com에서 등록된 계정으로 로그인한 후, 구입한 모든 팩트 출판사 책의 예제 코드 파일을 다운로드할 수 있다. 다른 경로로 구입했다면 http://www.packtpub.com/support를 방문해서 간단한 정보를 등록한 뒤에 이메일로 받아볼 수 있다. 에이콘출판사의 도서정보 페이지 http://www.acornpub.co.kr/book/unity3d-scripting에서도 예제 코드를 다운로드할 수 있다.

오탈자

정확한 책을 만들고자 신중을 기했음에도, 실수는 일어나기 마련이다. 본문이나 코드의 오류를 발견했다면 꼭 알려주길 바란다. 오류를 알려주면 다른 독자의 혼란을 예방할 수 있고 또 이 책의 개정판을 만드는 데 도움을 줄 수 있다. 오류를 발견했다면 http://www.packtpub.com/submit-errata에 방문해서 책을 선택하고 필요한 내용을 상세하게 입력한 뒤에 제출해주길 바란다. 제출한 내용은 검토 과정을 거쳐서 웹사이트에 올려지거나 해당 서적의 기존 정오표에 덧붙여진다.

정오표는 https://www.packtpub.com/books/ content/support에서 원하는 책을 검색한 뒤에 Errata 항목에서 확인할 수 있다. 한국어판은 에이콘출판사의 도서정보 페이지 http://www.acornpub.co.kr/book/unity3d-scripting에서 찾아볼 수 있다.

저작권 침해

인터넷상의 저작권 침해는 어느 매체에게나 심각한 문제다. 팩트 출판사는 저작권 보호를 중요하게 생각한다. 형태를 막론하고 인터넷상에서 팩트 서적에 관한 불법 복제물을 발견했다면 법적 조치를 취할 수 있게 정확한 주소나 웹사이트 이름을 알려주길 바란다.

의심이 가는 링크를 첨부해서 copyright@packtpub.com으로 제보해주면 큰 도움이 될 것이다.

저자의 권리와 출판사의 노력이 헛되지 않게 지켜줌으로써 출판물의 가치를 높여주는 독자의 기여에 깊은 감사의 뜻을 전한다.

질문

기타 책에 관한 문의는 questions@packtpub.com으로 보내주길 바란다. 최선을 다해 처리할 것을 약속한다. 한국어판에 관한 질문은 이 책의 옮긴이나 에이콘출판사 편집팀(editor@acornpub.co.kr)으로 문의해주길 바란다.

1
입력

본격적인 게임 제작에 착수하기 전에 게임에 사용할 컨트롤[1]을 제대로 파악해야 한다. 1장에선 플레이어의 입력을 처리하는 스크립트를 만들고, Xbox 360 컨트롤러용 컨트롤 프로파일[2]과 함께 키보드, 마우스용 컨트롤 프로파일을 만들 예정이다. 그런 다음에 프로파일을 전환하는 기능을 추가하고 컨트롤을 커스터마이징하려 한다. 이와 같은 컨트롤 구성은 게임의, 특히 PC용 게임의 핵심 요소다.

1장은 다음과 같은 주제를 다룬다.

- Xbox 360 컨트롤러용 컨트롤 생성
- 키보드용 컨트롤 생성
- 컨트롤러의 연결 여부를 알아내는 함수 작성
- 컨트롤 커스터마이징
- 사용자가 컨트롤을 전환할 수 있게 하는 방법
- GUI^{Graphical User Interface} 버튼으로 컨트롤 전환
- 컨트롤을 원래 상태로 리셋

---

1 컨트롤: 'A 버튼을 누르면 총을 쏜다.', 'B 버튼을 누르면 설정 메뉴를 연다.'처럼 사용자의 입력과 입력에 의한 캐릭터나 게임의 동작을 한데 묶어서 컨트롤이라고 한다. – 옮긴이
2 컨트롤 프로파일: 게임을 진행하는 데 필요한 모든 컨트롤의 모음을 말한다. – 옮긴이

컨트롤 선택

게임을 만들기 전에 플레이어가 게임을 플레이할 방법을 정해야 한다. 컨트롤은 게임의 가장 중요한 부분 가운데 하나다.

필요한 컨트롤 매핑

앞으로 만들어볼 예제 게임에 필요한 컨트롤이 몇 개 있다. 이미 유니티의 입력 관리자input manager에 들어있는 컨트롤도 있고 그렇지 않은 컨트롤도 있다. 다음 표는 앞으로 사용할 기본 컨트롤과 각 컨트롤에 사용할 버튼을 보여준다.

동작	키보드, 마우스	Xbox 360 컨트롤러
이동	WASD 키	왼쪽 스틱
카메라 회전	마우스	오른쪽 스틱
아이템 바 버튼	1234 키	방향 패드
인벤토리	I 키	A 버튼
게임 일시 정지	Esc 키	시작 버튼
공격, 아이템 사용	왼쪽 마우스 버튼	오른쪽 트리거
조준	오른쪽 마우스 버튼	왼쪽 트리거

입력 관리자 확인

다음 스크린샷을 보면 알겠지만 이동, 카메라 회전, 공격, 아이템 사용, 조준 동작에 사용할 수 있는 기본 입력은 이미 갖춰져 있다.

하지만 인벤토리, 게임 일시 정지, 아이템 바 버튼으로 사용할 입력은 따로 추가해야 한다. 또 추가한 입력이 Xbox 360 컨트롤러에서 지원하는 입력인지도 확인해야 한다.

Xbox 360 컨트롤러의 입력 확인

입력 관리자에 입력을 추가하기 전에 Xbox 360 컨트롤러가 지니고 있는 입력의 종류를 살펴봐야 한다. 컨트롤러의 입력을 잘 알아야 입력 관리자에 쉽게 추가할 수 있고 또 코딩 방법도 떠올려볼 수 있다.

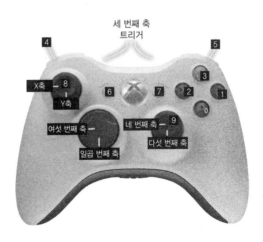

컨트롤러 입력 추가

먼저 Edit 메뉴를 클릭하고 Project Settings를 선택한 뒤 Input을 클릭한다. Axes의 왼쪽에 있는 화살표를 클릭해서 드롭다운 메뉴를 연 다음에 Size의 값을 원래 값에 1을 더한 수로 변경한다. 이제 목록의 맨 아래에 하나의 항목이 더해진다. 이렇게 더한 항목은 원하는 입력으로 사용할 수 있다.

새로운 입력을 생성하면 기본적으로 입력 관리자는 원래 맨 아래에 있던 입력의 내용을 새로운 입력에 그대로 복사한다. 따라서 새로운 입력을 클릭해서 연 다음에 원하는 값으로 바꿔줘야 한다. 새로운 입력의 내용을 다음과 같이 변경한다.

1. Name의 값을 `A_360`으로 변경한다.
2. Positive Button의 값을 `joystick button 0`로 변경한다.

시작 버튼과 트리거 입력 추가

보다시피 Xbox 360 입력을 입력 관리자에 추가하는 방법은 매우 간단하다. 시작 버튼도 같은 방식으로 추가할 수 있다. 단 Name의 값을 `Start_360`으로 변경하고 Positive Button의 값을 `joystick button 7`으로 바꿔줘야 한다. 두 개의 트리거 버튼을 추가하는 방법은 약간 다르다. 다음 과정을 따라 추가한다.

1. Name의 값을 `Tiggers_360`으로 변경한다.
2. Sensitivity의 값을 `0.001`로 변경한다.
3. Invert를 선택한다.
4. Type의 값을 Joystick Axis로 변경한다.
5. Axis의 값을 3rd Axis (Joysticks and Scrollwheel)로 변경한다.

방향 패드 입력 추가

방향 패드는 가로 방향 입력과 세로 방향 입력을 따로 만들어야 한다. 하지만 둘 다 트리거의 설정 방법과 비슷하다. 먼저 다음과 같이 가로 방향 패드 입력을 만든다.

1. Name의 값을 `HorizDpad_360`으로 변경한다.
2. Sensitivity의 값을 `1`로 변경한다.

3. Type의 값을 Joystick Axis로 변경한다.

4. Axis의 값을 6th Axis (Joysticks)로 변경한다.

세로 방향 패드 입력을 추가하는 과정은 가로 방향 패드 입력을 추가했던 과정과 똑같다. 다만 **Name**의 값을 VertDpad_360으로, **Axis**의 값을 7th Axis (Joysticks)로 바꿔줘야 한다. 이제 Xbox 360 컨트롤러 입력은 모두 마쳤고 PC 입력만 남았다.

PC 컨트롤 입력 추가

대부분의 PC 컨트롤 입력은 이미 입력 관리자에 들어있다. 추가해야 할 입력은 숫자 키, I 키, Esc 키뿐이다.

키 입력을 추가하는 방법은 앞서 Xbox 360 컨트롤러의 버튼 입력을 추가했던 방법과 똑같다. 숫자 키의 **Name**은 각각 num1, num2, num3, num4로 바꿔주고 **Positive Button** 값은 키에 따라서 1, 2, 3, 4로 바꿔준다.

I 키는 **Name**을 I_Key로, **Positive Button** 값을 i로 바꿔준다. Esc 키는 **Name**을 Esc_Key로, **Positive Button** 값을 escape로 바꿔준다.

컨트롤 스크립트 작성

컨트롤의 입력에 관한 설정은 끝났고 이제 컨트롤에 관한 스크립트를 저장할 스크립트 파일을 만들 차례다.

스크립트 생성과 이름 변경

스크립트를 생성하는 방법은 두 가지다. 화면 아래쪽의 프로젝트^{Project} 창을 오른쪽 클릭하면 나오는 메뉴에서 Create를 선택하고 C# Script를 클릭하거나, 화면 위쪽의 **Assets** 메뉴에서 **Create**를 선택하고 **C# Script**를 선택한다. 스크립트가 만들어졌으면 스크립트의 이름을 ControlConfig로 변경한다.

스크립트 초기화

스크립트를 생성하고 이름을 변경했으면 이제 스크립트를 더블 클릭해서 연다. 먼저 클래스 이름이 파일 이름과 같은 `ControlConfig`인지 확인한다. 클래스 안에 유니티가 미리 만들어놓은 `Start, Update` 함수가 있을 것이다. 두 함수를 삭제하고 깔끔하게 빈 스크립트 파일만 남겨둔다.

장치 인식 기능 구현

처음으로 만들 함수는 게임패드의 연결 여부를 인식하는 함수다. 유니티가 기본적으로 제공하는 기능을 사용하면 매우 간단하게 장치를 인식할 수 있다.

필요한 변수 추가

먼저 장치를 인식하고 식별하는 함수가 사용할 변수를 추가해야 한다. 다음 변수를 스크립트의 맨 위쪽 클래스 선언 바로 밑에 추가한다.

```
bool isControllerConnected = false;
public string Controller = "";
```

불리언^{Boolean} 변수는 나중에 게임패드의 연결 여부를 알아내는 함수에서 쓰인다. 문자열 변수는 연결 중인 게임패드의 이름을 저장하는 용도로 쓰인다.

장치 인식 함수 생성

다음 단계로 `DetectController` 함수를 추가한다. 이 함수는 앞서 만든 불리언 변수에 게임패드의 연결 여부를 저장한다. 스크립트에 다음 코드를 추가한다.

```
void DetectController()
{
  try
  {
    if(Input.GetJoystickNames()[0] != null)
    {
```

```
        isControllerConnected = true;
        IdentifyController();
      }
  }
  catch
  {
    isControllerConnected = false;
  }
}
```

이 함수는 연결 중인 게임패드의 이름이 담긴 문자열 배열을 리턴하는 Input. GetJoystickNames() 함수를 사용한다. 그리고 함수의 결과에 따라 만들어둔 불리언 변수 값을 true나 false로 설정한다. true는 게임패드가 연결 중이라는 뜻이고 false 는 게임패드를 찾지 못했다는 뜻이다. try-catch 구문을 사용한 이유는 연결 중인 게 임패드가 없다면 Input.GetJoystickNames()가 IndexOutOfRangeException 예외를 일으키기 때문이다.

식별 함수 생성

장치 인식 기능을 만드는 마지막 단계로 연결 중인 게임패드를 식별하는 기능을 추가 해야 한다. 스크립트의 DetectController 함수 바로 뒤에 다음 함수를 추가한다.

```
void IdentifyController()
{
  Controller = Input.GetJoystickNames()[0];
}
```

보다시피 연결 중인 게임패드의 이름을 앞에서 만든 Controller 변수에 대입하는 함 수다. 이 함수는 DetectController 함수에서 isControllerConnected를 true로 설정 한 if 블록 안에서 호출해야 한다.

준비한 걸 보여주지!

이제 컨트롤의 역할을 커스터마이징하는 기능과 각 컨트롤의 역할을 표시하는 기능을 수행하는 스크립트를 작성하려 한다.

각 컨트롤이 사용할 변수 추가

스크립트의 위쪽 클래스 선언 아래에 다음과 같이 새로운 변수를 추가한다.

```
public string PC_Move, PC_Rotate, PC_Item1, PC_Item2, PC_Item3, PC_Item4,
       PC_Inv, PC_Pause, PC_AttackUse, PC_Aim;
public string Xbox_Move, Xbox_Rotate, Xbox_Item1, Xbox_Item2, Xbox_Item3,
       Xbox_Item4, Xbox_Inv, Xbox_Pause, Xbox_AttackUse, Xbox_Aim;
```

방금 추가한 변수는 컨트롤을 화면에 표시할 때 사용할 예정이며, 나중에 컨트롤을 커스터마이징할 때도 사용한다. 이제 다음과 같이 새로운 변수에 기본값을 대입하는 코드를 추가한다.

```
void SetDefaultValues()
{
  if(!isControllerConnected)
  {
    PC_Move = "WASD";
    PC_Rotate = "Mouse";
    PC_Item1 = "1";
    PC_Item2 = "2";
    PC_Item3 = "3";
    PC_Item4 = "4";
    PC_Inv = "I";
    PC_Pause = "Escape";
    PC_AttackUse = "Left Mouse Button";
    PC_Aim = "Right Mouse Button";
  }
  else
  {
    PC_Move = "WASD";
    PC_Rotate = "Mouse";
```

```
        PC_Item1 = "1";
        PC_Item2 = "2";
        PC_Item3 = "3";
        PC_Item4 = "4";
        PC_Inv = "I";
        PC_Pause = "Escape";
        PC_AttackUse = "Left Mouse Button";
        PC_Aim = "Right Mouse Button";
        Xbox_Move = "Left Thumbstick";
        Xbox_Rotate = "Right Thumbstick";
        Xbox_Item1 = "D-Pad Up";
        Xbox_Item2 = "D-Pad Down";
        Xbox_Item3 = "D-Pad Left";
        Xbox_Item4 = "D-Pad Right";
        Xbox_Inv = "A Button";
        Xbox_Pause = "Start Button";
        Xbox_AttackUse = "Right Trigger";
        Xbox_Aim = "Left Trigger";
    }
}
```

따로 함수를 만들어서 변수에 기본값을 설정하는 이유는 나중에 컨트롤을 커스터마이징할 때 다시 이 함수를 사용해서 컨트롤을 리셋할 생각이기 때문이다. 이 함수는 isControllerConnected 변수를 사용해서 게임패드가 연결 중인지 아닌지 판단한 뒤에 적절한 데이터를 대입한다.

변수를 표시하는 함수 추가

그런 다음에 OnGUI 함수를 사용해서 컨트롤을 화면에 표시한다. 1장의 앞쪽에 있는 표와 비슷하게 각 컨트롤에 해당하는 동작과 PC용/Xbox 360 컨트롤러용 컨트롤을 보여줄 메뉴를 생성하려 한다. 다음 코드를 스크립트의 아래쪽에 추가한다.

```
void OnGUI()
{
  GUI.BeginGroup(new Rect(Screen.width/2 - 300, Screen.height / 2 - 300,
                    600, 400));
```

```
GUI.Box(new Rect(0,0,600,400), "Controls");
GUI.Label(new Rect(205, 40, 20, 20), "PC");
GUI.Label(new Rect(340, 40, 125, 20), "Xbox 360 Controller");

GUI.Label(new Rect(25, 75, 125, 20), "Movement: ");
GUI.Button(new Rect(150, 75, 135, 20), PC_Move);
GUI.Button(new Rect(325, 75, 135, 20), Xbox_Move);

GUI.Label(new Rect(25, 100, 125, 20), "Rotation: ");
GUI.Button(new Rect(150, 100, 135, 20), PC_Rotate);
GUI.Button(new Rect(325, 100, 135, 20), Xbox_Rotate);

GUI.Label(new Rect(25, 125, 125, 20), "Item 1: ");
GUI.Button(new Rect(150, 125, 135, 20), PC_Item1);
GUI.Button(new Rect(325, 125, 135, 20), Xbox_Item1);

GUI.Label(new Rect(25, 150, 125, 20), "Item 2: ");
GUI.Button(new Rect(150, 150, 135, 20), PC_Item2);
GUI.Button(new Rect(325, 150, 135, 20), Xbox_Item2);

GUI.Label(new Rect(25, 175, 125, 20), "Item 3: ");
GUI.Button(new Rect(150, 175, 135, 20), PC_Item3);
GUI.Button(new Rect(325, 175, 135, 20), Xbox_Item3);

GUI.Label(new Rect(25, 200, 125, 20), "Item 4: ");
GUI.Button(new Rect(150, 200, 135, 20), PC_Item4);
GUI.Button(new Rect(325, 200, 135, 20), Xbox_Item4);

GUI.Label(new Rect(25, 225, 125, 20), "Inventory: ");
GUI.Button(new Rect(150, 225, 135, 20), PC_Inv);
GUI.Button(new Rect(325, 225, 135, 20), Xbox_Inv);

GUI.Label(new Rect(25, 250, 125, 20), "Pause Game: ");
GUI.Button(new Rect(150, 250, 135, 20), PC_Pause);
GUI.Button(new Rect(325, 250, 135, 20), Xbox_Pause);

GUI.Label(new Rect(25, 275, 125, 20), "Attack/Use: ");
```

```
GUI.Button(new Rect(150, 275, 135, 20), PC_AttackUse);
GUI.Button(new Rect(325, 275, 135, 20), Xbox_AttackUse);

GUI.Label(new Rect(25, 300, 125, 20), "Aim: ");
GUI.Button(new Rect(150, 300, 135, 20), PC_Aim);
GUI.Button(new Rect(325, 300, 135, 20), Xbox_Aim);
GUI.EndGroup();
}
```

이 코드는 따로 설명이 필요 없다. GUI 레이블을 사용해서 플레이어가 할 수 있는 동작을 표시하고 GUI 버튼을 사용해서 동작에 매핑한 입력을 표시한다. 이 버튼은 나중에 컨트롤을 커스터마이징하는 용도로 사용할 예정이다.

바꿔!

이제 플레이어가 PC용 컨트롤과 Xbox 360 컨트롤러용 컨트롤을 전환하는 기능을 만들려고 한다.

컨트롤 프로파일 생성

프로파일을 만들려면 새로운 변수를 추가해야 한다. 다음 열거형(enum)을 스크립트의 맨 위쪽 클래스 선언 앞에 추가한다.

```
public enum ControlProfile { PC, Controller };
```

클래스 안에 다음 변수를 추가한다.

```
public ControlProfile cProfile;
```

DetectController() 함수의 if문에 들어있는 IdentifyController()를 호출하는 코드 앞에 다음 코드를 추가한다.

```
cProfile = ControlProfile.Controller;
```

그런 다음 if문 뒤에 다음 else문을 추가한다.

```
else
  cProfile = ControlProfile.PC;
```

DetectController() 함수는 열거형 변수 값을 사용해서 컨트롤 프로파일의 기본값
을 설정한다. 플레이어에게 최선의 프로파일을 제공하는 빠르고 효율적인 방법이다.

프로파일 전환 함수 추가

다음과 같이 직접 호출할 수 있는 프로파일 전환 함수를 추가한다.

```
void SwitchProfile (ControlProfile Switcher)

{
  cProfile = Switcher;
}
```

나중에 사용자에게 키보드/마우스를 사용할지 Xbox 360 컨트롤러를 사용할지 선택
권을 주고 싶을 때 이 함수를 호출할 수 있다.

GUI와 상호작용할 함수 추가

이제 컨트롤 페이지의 오른쪽 아래에 사용자가 키보드/마우스와 Xbox 360 컨트롤
러 중 하나를 고를 수 있는 버튼을 추가한다. OnGUI() 함수에서 GUI 그루핑을 끝내는
행, 즉 GUI.EndGroup(); 바로 앞에 다음 코드를 추가한다.

```
GUI.Label(new Rect(450, 345, 125, 20), "Current Controls");
if(GUI.Button(new Rect(425, 370, 135, 20), cProfile.ToString()))
{
  if(cProfile == ControlProfile.Controller)
    SwitchProfile(ControlProfile.PC);
  else
    SwitchProfile(ControlProfile.Controller);
}
```

이 버튼의 텍스트에는 현재 사용 중인 컨트롤 프로파일이 나타난다. 플레이어가 버튼
을 클릭하면 컨트롤 프로파일이 바뀐다.

커스터마이징이 핵심이다

이제 컨트롤을 입맛에 맞게 바꿔볼 차례다. 컨트롤을 커스터마이징하는 방법 두 가지를 살펴보려 한다. 유니티에서는 게임 중에 컨트롤의 입력 속성만 따로 변경할 수 없다. 따라서 컨트롤 자체를 다른 컨트롤로 교체하는 방법 두 가지를 만들어보려 한다. 지금 만들고 있는 게임에 커스터마이징 방법 두 가지를 모두 적용해보자.

컨트롤 스킴 전환

첫 번째 방법은 미리 설정해 놓은 컨트롤 스킴[control scheme3]을 맞바꾸는 것이다. 먼저 컨트롤에 사용할 변수를 추가한다.

```
string ControlScheme;
public KeyCode pcItem1, pcItem2, pcItem3, pcItem4, pcInv, pcPause,
               pcAttackUse, pcAim, xInv, xPause;
```

입력 속성은 변경할 수 없으므로 이동, 카메라 회전, Xbox 360 컨트롤러의 공격, 아이템 전환 같은 컨트롤은 커스터마이징할 수 없다. 일단 추가한 변수에 기본값을 설정한다. SetDefaultValues() 함수를 다음과 같이 수정한다.

```
void SetDefaultValues()
{
  ControlScheme = "Scheme A";
  if(!isControllerConnected)
  {
    PC_Move = "WASD";
    PC_Rotate = "Mouse";
    PC_Item1 = "1";
    PC_Item2 = "2";
    PC_Item3 = "3";
    PC_Item4 = "4";
    PC_Inv = "I";
    PC_Pause = "Escape";
```

---

3 컨트롤 스킴: 각 컨트롤의 입력과 동작을 연결하는 방식을 말한다. 예를 들어 무기 발사와 점프에 해당하는 컨트롤 두 개가 있을 때 '무기 발사는 A 버튼, 점프는 B 버튼'이란 스킴이 있을 수 있고 '무기 발사는 B 버튼, 점프는 A 버튼'이란 스킴이 있을 수 있다. – 옮긴이

```
      PC_AttackUse = "Left Mouse Button";
      PC_Aim = "Right Mouse Button";


      pcItem1 = KeyCode.Alpha1;
      pcItem2 = KeyCode.Alpha2;
      pcItem3 = KeyCode.Alpha3;
      pcItem4 = KeyCode.Alpha4;
      pcInv = KeyCode.I;
      pcPause = KeyCode.Escape;
      pcAttackUse = KeyCode.Mouse0;
      pcAim = KeyCode.Mouse1;
    }
    else
    {
      PC_Move = "WASD";
      PC_Rotate = "Mouse";
      PC_Item1 = "1";
      PC_Item2 = "2";
      PC_Item3 = "3";
      PC_Item4 = "4";
      PC_Inv = "I";
      PC_Pause = "Escape";
      PC_AttackUse = "Left Mouse Button";
      PC_Aim = "Right Mouse Button";
      Xbox_Move = "Left Thumbstick";
      Xbox_Rotate = "Right Thumbstick";
      Xbox_Item1 = "D-Pad Up";
      Xbox_Item2 = "D-Pad Down";
      Xbox_Item3 = "D-Pad Left";
      Xbox_Item4 = "D-Pad Right";
      Xbox_Inv = "A Button";
      Xbox_Pause = "Start Button";
      Xbox_AttackUse = "Right Trigger";
      Xbox_Aim = "Left Trigger";

      pcItem1 = KeyCode.Alpha1;
      pcItem2 = KeyCode.Alpha2;
```

```
    pcItem3 = KeyCode.Alpha3;
    pcItem4 = KeyCode.Alpha4;
    pcInv = KeyCode.I;
    pcPause = KeyCode.Escape;
    pcAttackUse = KeyCode.Mouse0;
    pcAim = KeyCode.Mouse1;

    xInv = KeyCode.I;
    xPause = KeyCode.Escape;
    }
}
```

그런 다음 플레이어가 컨트롤 스킴을 전환할 수 있게 해주는 함수를 스크립트에 추가한다.

```
void SwitchControlScheme(string Scheme)
{
  switch(Scheme)
  {
  case "A":
    SetDefaultValues();
    break;
  case "B":
    if(!isControllerConnected)
    {
      PC_Move = "WASD";
      PC_Rotate = "Mouse";
      PC_Item1 = "Numpad 1";
      PC_Item2 = "Numpad 2";
      PC_Item3 = "Numpad 3";
      PC_Item4 = "Numpad 4";
      PC_Inv = "Numpad +";
      PC_Pause = "Enter";
      PC_AttackUse = "Right Mouse Button";
      PC_Aim = "Left Mouse Button";

      pcItem1 = KeyCode.Keypad1;
```

```
        pcItem2 = KeyCode.Keypad2;
        pcItem3 = KeyCode.Keypad3;
        pcItem4 = KeyCode.Keypad4;
        pcInv = KeyCode.KeypadPlus;
        pcPause = KeyCode.Return;
        pcAttackUse = KeyCode.Mouse1;
        pcAim = KeyCode.Mouse0;
    }
    else
    {
        PC_Move = "WASD";
        PC_Rotate = "Mouse";
        PC_Item1 = "Numpad 1";
        PC_Item2 = "Numpad 2";
        PC_Item3 = "Numpad 3";
        PC_Item4 = "Numpad 4";
        PC_Inv = "Numpad +";
        PC_Pause = "Enter";

        PC_AttackUse = "Right Mouse Button";
        PC_Aim = "Left Mouse Button";
        Xbox_Move = "Left Thumbstick";
        Xbox_Rotate = "Right Thumbstick";
        Xbox_Item1 = "D-Pad Up";
        Xbox_Item2 = "D-Pad Down";
        Xbox_Item3 = "D-Pad Left";
        Xbox_Item4 = "D-Pad Right";
        Xbox_Inv = "B Button";
        Xbox_Pause = "Back Button";
        Xbox_AttackUse = "Right Trigger";
        Xbox_Aim = "Left Trigger";

        pcItem1 = KeyCode.Keypad1;
        pcItem2 = KeyCode.Keypad2;
        pcItem3 = KeyCode.Keypad3;
        pcItem4 = KeyCode.Keypad4;
        pcInv = KeyCode.KeypadPlus;
```

```
        pcPause = KeyCode.Return;
        pcAttackUse = KeyCode.Mouse1;
        pcAim = KeyCode.Mouse0;
        xInv = KeyCode.JoystickButton1;
        xPause = KeyCode.JoystickButton6;
      }
    break;
  }
}
```

보다시피 이 함수는 SetDefaultValues() 함수와 매우 비슷하다. 사실 동작 방식이 똑같다. SwitchControlScheme()은 사용할 컨트롤 스킴을 나타내는 문자열을 인수로 받아서 적절한 데이터를 대입한다. 첫 번째 스킴은 기본 컨트롤 스킴이고, 두 번째는 새로운 스킴이다. 새로운 스킴에서 바뀌는 점은 다음과 같다.

- 아이템 키가 숫자패드의 숫자 키로 바뀐다.
- 인벤토리가 숫자패드의 + 키와 컨트롤러의 B 버튼으로 바뀐다.
- 공격/사용에 쓰이는 마우스 버튼과 조준에 쓰이는 마우스 버튼이 서로 바뀐다.
- 일시 정지가 Enter 키와 컨트롤러의 뒤로[Backspace] 버튼으로 바뀐다.

GUI에 컨트롤 스킴 전환 버튼 추가

OnGUI 함수에 플레이어가 컨트롤 스킴을 전환할 수 있게 해주는 GUI 버튼을 추가하려 한다. OnGUI() 함수에서 GUI 그루핑을 끝내는 행, 즉 GUI.EndGroup(); 바로 앞에 다음 코드를 추가한다.

```
GUI.Label(new Rect(15, 345, 150, 20), "Current Control Scheme");
if(GUI.Button(new Rect(25, 370, 135, 20), ControlScheme))
{
  if(ControlScheme == "Scheme A")
  {
    SwitchControlScheme("B");
    ControlScheme = "Scheme B";
  }
  else
```

```
  {
    SwitchControlScheme("A");
    ControlScheme = "Scheme A";
  }
}
```

이 버튼을 클릭하면, `SwitchControlScheme()`을 호출하면서 사용 중인 컨트롤 스킴을 나타내는 문자를 전달한다.

컨트롤 입력을 돌려가며 사용

두 번째 커스터마이징 방법은 플레이어가 컨트롤을 표시한 GUI 버튼을 클릭하고 다른 컨트롤을 선택할 수 있게 만드는 것이다. 먼저 컨트롤의 원래 값을 저장해둘 변수를 추가한다. 마지막 두 개는 컨트롤을 커스터마이징할 때 사용할 변수다.

```
private KeyCode orig_pcItem1, orig_pcItem2, orig_pcItem3,
    orig_pcItem4, orig_pcInv, orig_pcPause, orig_xInv,
    orig_xPause;
bool ShowPopup = false;
KeyCode PreviousKey;
```

`SetDefaultValues` 함수의 `if` 블록과 `else` 블록 양쪽에 다음 코드를 추가한다. 방금 선언한 변수에 기존 컨트롤 변수를 대입하는 코드다.

```
orig_pcItem1 = pcItem1;
orig_pcItem2 = pcItem2;
orig_pcItem3 = pcItem3;
orig_pcItem4 = pcItem4;
orig_pcInv = pcInv;
orig_pcPause = pcPause;
```

그리고 `else` 블록에 다음과 같이 Xbox 360 컨트롤러용 컨트롤에 값을 대입하는 코드를 추가한다.

```
orig_xInv = xInv;
orig_xPause = xPause;
```

그런 다음에 키를 바꿀 때 호출할 함수를 추가한다.

```
void SetNewKey(KeyCode KeyToSet, KeyCode SetTo)
{
  switch(KeyToSet)
  {
  case KeyCode.Alpha1:
    pcItem1 = SetTo;
    PC_Item1 = SetString(pcItem1.ToString());
    break;
  case KeyCode.Alpha2:
    pcItem2 = SetTo;
    PC_Item2 = SetString(pcItem2.ToString());
    break;
  case KeyCode.Alpha3:
    pcItem3 = SetTo;
    PC_Item3 = SetString(pcItem3.ToString());
    break;
  case KeyCode.Alpha4:
    pcItem4 = SetTo;
    PC_Item4 = SetString(pcItem4.ToString());
    break;
  case KeyCode.I:
    pcInv = SetTo;
    PC_Inv = SetString(pcInv.ToString());
    break;
  case KeyCode.Escape:
    pcPause = SetTo;
    PC_Pause = SetString(pcPause.ToString());
    break;
  case KeyCode.JoystickButton1:
    xInv = SetTo;
    Xbox_Inv = SetString(xInv.ToString());
    break;
  case KeyCode.JoystickButton6:
    xPause = SetTo;
    Xbox_Pause = SetString(xPause.ToString());
    break;
```

```
    }
}
```

이 함수는 수정할 대상을 나타내는 KeyCode와 해당 키에 설정할 KeyCode 값, 두 개의
인수를 넘겨받는다. 또 별도의 함수를 사용해서 GUI에 표시할 문자열 변수도 설정한
다. 문자열을 설정하는 함수는 다음과 같다.

```
string SetString(string SetTo)
{
  switch(SetTo)
  {
  case "Alpha1":
    SetTo = "1";
    break;
  case "Alpha2":
    SetTo = "2";
    break;
  case "Alpha3":
    SetTo = "3";
    break;
  case "Alpha4":
    SetTo = "4";
    break;
  case "Return":
    SetTo = "Enter";
    break;
  case "Escape":
    SetTo = "Escape";
    break;
  case "I":
    SetTo = "I";
    break;
  case "JoystickButton6":
    SetTo = "Start Button";
    break;
  case "JoystickButton1":
    SetTo = "A Button";
```

```
    break;
  }
  return SetTo;
}
```

이제 OnGUI 함수의 코드를 수정한다. 컨트롤 그룹을 만들기 전에 컨트롤 팝업을 활성화할지 확인해야 한다. 다음 if 블록 안에 지금까지 만든 컨트롤 그룹을 모두 집어넣는다.

```
if(!ShowPopup)
{
```

커스터마이징을 허용할 GUI 버튼의 코드를 수정한다. 먼저 PC_Item1 버튼의 코드를 다음과 같이 수정한다.

```
if(GUI.Button(new Rect(150, 125, 135, 20), PC_Item1))
{
  ShowPopup = true;
  PreviousKey = pcItem1;
}
```

같은 방식으로 다음 버튼의 코드도 수정한다.

- PC_Item2
- PC_Item3
- PC_Item4
- PC_Pause
- PC_Inv
- Xbox_Inv
- Xbox_Pause

ShowPopup을 true로 설정하고 버튼에 따라 PreviousKey의 값을 pcItem2, pcItem3, pcItem4 등 상황에 맞게 설정한다. 마지막으로 컨트롤을 모두 담은 if 블록을 닫는 괄호를 적는다.

GUI에 컨트롤 팝업 추가

GUI에 컨트롤 팝업을 추가할 차례다. 플레이어는 이 팝업을 통해 바꾸고 싶은 컨트롤을 선택할 수 있다. OnGUI() 함수에서 컨트롤을 하나로 둘러싼 if 블록 밑에 다음과 같이 팝업을 생성하는 else 블록을 추가한다.

```
else
{
  GUI.BeginGroup(new Rect(Screen.width/2 - 300, Screen.height / 2 - 300,
                          600, 400));
  GUI.Box(new Rect(0,0,600,400), "Pick A Control to Switch");
  if(GUI.Button(new Rect(150, 125, 135, 20), "1"))
  {
    SetNewKey(PreviousKey, orig_pcItem1);
    ShowPopup = false;
  }
  if(GUI.Button(new Rect(150, 150, 135, 20), "2"))
  {
    SetNewKey(PreviousKey, orig_pcItem2);
    ShowPopup = false;
  }
  if(GUI.Button(new Rect(150, 175, 135, 20), "3"))
  {
    SetNewKey(PreviousKey, orig_pcItem3);
    ShowPopup = false;
  }
  if(GUI.Button(new Rect(150, 200, 135, 20), "4"))
  {
    SetNewKey(PreviousKey, orig_pcItem4);
    ShowPopup = false;
  }
  if(GUI.Button(new Rect(150, 225, 135, 20), "I"))
  {
    SetNewKey(PreviousKey, orig_pcInv);
    ShowPopup = false;
  }
  if(GUI.Button(new Rect(150, 250, 135, 20), "Escape"))
```

```
    {
      SetNewKey(PreviousKey, orig_pcPause);
      ShowPopup = false;
    }
    if(GUI.Button(new Rect(325, 225, 135, 20), "A Button"))
    {
      SetNewKey(PreviousKey, orig_xInv);
      ShowPopup = false;
    }
    if(GUI.Button(new Rect(325, 250, 135, 20), "Start Button"))
    {
      SetNewKey(PreviousKey, orig_xPause);
      ShowPopup = false;
    }
  GUI.EndGroup();
}
```

플레이어가 새로운 버튼 중 하나를 클릭하면 `SetNewKey` 함수를 호출한다. 이때 플레이어가 커스터마이징할 대상인 `PreviousKey`와 함께 플레이어가 선택한 키를 `PreviousKey`의 새로운 값으로 전달한다. 플레이어가 손쉽게 컨트롤을 변경할 수 있게 해주는 멋지고 간단한 방법이다.[4]

컨트롤 리셋

이제 사용자가 컨트롤을 기본값으로 리셋할 수 있는 기능을 추가한다.

리셋 함수 추가

리셋 함수는 `SetDefaultValues()` 함수를 호출한 뒤에 두 개의 변수를 리셋한다.

```
void Reset()
```

---

4 하지만 예제 코드의 컨트롤 커스터마이징 기능에는 논리적 오류가 있다. 컨트롤을 처음 변경할 땐 문제가 없지만 두 번 이상 변경할 경우 키 코드가 꼬여서 엉뚱한 컨트롤이 바뀔 수 있다. OnGUI()에서 컨트롤의 현재 키 코드 값을 PreviousKey로 저장하기 때문이다. 예를 들어 숫자 키 1에 해당하는 컨트롤의 입력을 숫자 키 2로 바꾸고 난 뒤에 다시 이 컨트롤을 수정하려고 하면 이 컨트롤이 아닌 원래 숫자 키 2를 사용하던 컨트롤이 바뀐다. 실제로 사용할 코드가 아닌 관계로 오류를 따로 수정하지는 않지만, 예제 코드를 실행할 때 이런 현상이 나타날 수 있으니 참고하길 바란다. – 옮긴이

```
{
  SetDefaultValues();
  ShowPopup = false;
  PreviousKey = KeyCode.None;
}
```

불리언 변수인 ShowPopup과 키 코드인 PreviousKey를 리셋해서 컨트롤의 커스터마이징에 관한 모든 변수를 확실하게 리셋한다.

리셋 입력 추가

이제 Reset 함수를 호출할 GUI 버튼을 만든다. OnGUI() 함수에서 GUI 그루핑을 끝내는 행, 즉 GUI.EndGroup(); 바로 앞에 다음 코드를 추가한다.

```
if(GUI.Button(new Rect(230, 370, 135, 20), "Reset Controls"))
{
  Reset();
}
```

플레이어가 이 버튼을 클릭하면 모든 컨트롤을 기본값으로 설정한다. 이것으로 1장에서 작성해야 할 스크립트는 모두 작성했다.

플레이 테스트

이제 가장 중요한 과정인 플레이 테스트를 할 차례다. GUI 버튼을 눌러보면서 원하는
대로 동작하는지 확인한다. 문제가 있을 듯한 위치의 변수 값을 확인해보려면 Debug.
Log문을 추가한다. 실제로 Xbox 360 컨트롤러를 연결해서 제대로 인식하는지도 확
인한다.

요약

1장을 통해 컨트롤 스킴을 생성하고 다루는 방법에 대한 많은 것을 배웠다. 또 컨트
롤을 전환하는 방법은 물론, 미리 설정해놓은 컨트롤 스킴을 변경하는 방법도 배웠
다. 이제 키보드/마우스와 Xbox 360 컨트롤러를 모두 지원하는 게임을 만들 수 있
다. 이런 기능은 게임과 게임 디자인에 상당히 중요하게 작용한다. 컨트롤을 커스터
마이징할 수 없으면 답답해하는 사람도 있다.

2장에선 GUI를 활용하는 방법을 좀 더 상세히 살펴본다. 2D GUI 요소뿐만 아니라 3D GUI 요소를 만드는 방법도 소개한다. 나중에 이렇게 만든 GUI 요소를 사용해서 더욱 매력적인 경험을 만들어볼 예정이다.

2
GUI

GUI는 비디오 게임에서 가장 중요한 부분의 하나다. 플레이어는 GUI를 통해 캐릭터의 체력, 레벨, 소지한 돈 등을 볼 수 있다. 즉 GUI는 플레이어가 캐릭터와 게임 세계에 관한 정보를 수집하는 수단이다.

2장은 다음과 같은 주제를 다룬다.

- 2D GUI 요소와 3D GUI 요소
- GUI 버튼을 만드는 방법
- 2D 체력 바를 만드는 방법
- 레이블 GUI를 사용해서 플레이어의 레벨 표시
- 박스 GUI를 사용해서 경험치 바experience counter 생성
- 3D 체력 바 생성
- 3D 피해량 알림 표시
- 적 이름표 표시

전통적인 2D UI

GUI 프로그래밍을 시작하면서 먼저 전통적인 2D GUI인 버튼, 체력 바, 레벨 표시, 경험치 바를 만들어보려 한다. 모두 수많은 비디오 게임에서 흔히 쓰이는 게임 디자인의 핵심 요소다.

신 설정

2장에선 3D 공간을 다룰 예정이므로 테스트에 사용할 신Scene을 설정해야 한다. 기본적인 테스트만 할 수 있으면 충분하므로 새로운 신을 만들고 'Chapter 2'라는 이름으로 저장한다. 바닥으로 사용할 큐브Cube나 평면Plane을 추가하고, 방향 광Directional light, 적으로 사용할 적당한 게임 오브젝트GameObject, 두 개의 사각형Quad을 추가한다. 얼추 다음 그림과 같은 신이 만들어진다.

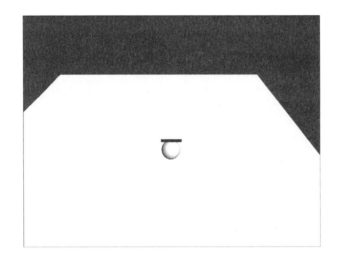

적 오브젝트의 위쪽 적당한 위치에 두 사각형을 포개 놓은 다음, 둘 중 하나를 180도 돌려서 두 개의 사각형이 하나의 오브젝트처럼 보이게 한다. 그리고 화면 왼쪽의 계층Hierarchy 창에서 사각형 하나를 다른 사각형으로 끌어와서 부모 자식 관계로 만든다. 이것으로 신은 준비가 끝났다. 이제 스크립트를 작성할 차례다.

2D UI 스크립트 작성

2D UI를 만들기 전에 모든 UI 스크립트를 담을 스크립트 파일을 만들어야 한다. 새로운 C# 스크립트를 만들고 이름을 GUI_2D로 변경한다. 그러고 나서 스크립트에 들어있는 Update 함수를 삭제한다. 마지막으로 스크립트 파일의 맨 위에 일부 변수가 사용할 using System.Collections.Generic;문을 추가한다.

GUI 버튼 생성

GUI에 2D 버튼을 생성하는 첫 단계로 클래스 선언 아래에 다음 변수를 추가한다.

```
List<Rect> SkillButtons = new List<Rect>();
List<Rect> ItemButtons = new List<Rect>();
```

두 List 배열은 버튼으로 사용할 사각형 영역을 저장하는 컨테이너로 사용할 예정이다. 일단 public으로 만들지 않았지만 인스펙터^{Inspector}에 표시하고 싶다면 public으로 만들어도 상관없다.

이제 리스트에 사각형 영역을 추가해야 한다. Start() 함수에 다음 코드를 추가한다.

```
SkillButtons.Add(new Rect(Screen.width/2 + 50, Screen.height/2 + 333,
                 55, 55));
SkillButtons.Add(new Rect(Screen.width/2 + 105, Screen.height/2 + 333,
                 55, 55));
SkillButtons.Add(new Rect(Screen.width/2 + 160, Screen.height/2 + 333,
                 55, 55));
ItemButtons.Add(new Rect(Screen.width/2 - 160, Screen.height/2 + 333,
                 55, 55));
ItemButtons.Add(new Rect(Screen.width/2 - 105, Screen.height/2 + 333,
                 55, 55));
ItemButtons.Add(new Rect(Screen.width/2 - 50, Screen.height/2 + 333,
                 55, 55));
```

각 리스트에 버튼을 세 개씩 추가할 예정이다. 화면 중앙을 기준으로 스킬 버튼은 오른쪽에, 아이템 버튼은 왼쪽에 배치한다. 모든 버튼의 폭과 높이는 55다.

마지막으로 버튼을 그려야 한다. OnGUI() 함수를 만들고 함수 안에 다음 코드를 추가한다.

```
GUI.Button(SkillButtons[0], "Skill A");
GUI.Button(SkillButtons[1], "Skill B");
GUI.Button(SkillButtons[2], "Skill C");
GUI.Button(ItemButtons[0], "Item A");
GUI.Button(ItemButtons[1], "Item B");
GUI.Button(ItemButtons[2], "Item C");
```

각각 리스트에 저장해놓은 사각형 영역에 버튼을 그리는 역할을 하는 코드다. 또 버튼에 표시할 텍스트도 제공하지만 2장의 예제에서는 이 텍스트를 단순히 플레이스홀더placeholder로 사용한다.

체력 바 생성

박스 GUI를 사용해서 체력 바를 만들려고 한다. 먼저 체력과 체력 바의 길이를 계산할 변수를 추가해야 한다.

```
public float currentHP = 100;
public float maxHP = 100;
public float currentBarLength;
public float maxBarLength = 100;
```

체력과 체력 바의 길이 계산에 사용할 변수는 각각 두 개씩이다. 하나는 현재 값을 나타내고 하나는 최대치를 나타낸다. 스크립트 외부에서도 사용할 수 있게 모든 변수를 public으로 설정한다.

마지막으로 화면에 체력 바를 그리는 코드를 OnGUI() 함수에 추가한다.

```
currentBarLength = currentHP * maxBarLength / maxHP;
GUI.Box(new Rect(Screen.width/2 - 20, Screen.height/2 + 300,
                 currentBarLength, 25f), "");
```

첫 줄은 체력 바를 그리는 코드다. 체력 바의 위치는 앞서 만든 버튼의 바로 위다. 두 번째 줄은 체력 바의 길이를 계산하는 코드다. 현재 남은 체력과 바의 최대 길이를 곱한 뒤에 체력의 최대치로 나눈다. 일단 변수의 값을 모두 100으로 설정해뒀지만 값을 변경하면 바를 늘이거나 줄일 수 있다.

레벨 표시

플레이어의 현재 레벨을 표시해보자. 간단하지만 플레이어에게 흐뭇함을 선사하는 GUI 요소다. 레벨 표시에 필요한 변수는 다음과 같다.

```
public int currentLevel = 1;
public GUIStyle myStyle;
```

currentLevel의 값을 플레이어의 현재 레벨로 표시하려 한다. GUIStyle 변수는 GUI 레이블의 속성을 변경할 때 사용한다. 화면에 레벨을 표시하려면 OnGUI() 함수에 다음 코드를 추가해야 한다.

```
GUI.Label(new Rect(Screen.width/2 + 15, Screen.height/2 + 335, 30, 30),
                   currentLevel.ToString(), myStyle);
```

이 코드는 화면상의 아이템 버튼과 스킬 버튼 사이에 currentLevel 변수 값을 그리는 역할을 한다.

Start() 함수의 끝 부분에 다음 코드를 추가한다.

```
myStyle.fontSize = 36;
```

이 코드로 레이블의 폰트 크기를 변경할 수 있다.

경험치 바 생성

경험치 바는 지금까지 획득한 경험치와 새로운 레벨에 도달하는 데 필요한 경험치를 플레이어에게 보여주는 역할을 한다. 박스 GUI 두 개를 사용해서 경험치를 표시하려 한다. 하나는 현재 획득한 경험치를 나타내고 나머지는 획득할 수 있는 경험치의 총량을 나타낸다.

먼저 변수 몇 개를 추가해야 한다. 체력 바를 만들 때 사용했던 변수와 비슷하다.

```
public float maxExperience = 100;
public float currentExperience = 0;
public float currentExpBarLength;
public float maxExpBarLength = 100;
```

그런 다음 OnGUI() 함수에 경험치 바를 그리는 코드를 추가한다.

```
currentExpBarLength = currentExperience * maxExpBarLength / maxExperience;

if(currentExpBarLength > 5)
    GUI.Box(new Rect(Screen.width/2 - 20, Screen.height/2 - 300,
                        currentExpBarLength, 25), "");
GUI.Box(new Rect(Screen.width/2 - 20, Screen.height/2 - 300,
                    maxExperience, 25), "");
```

보다시피 두 개의 박스를 겹쳐서 그린다는 점을 제외하면 체력 바를 그리는 코드와 똑같다. 첫 번째 박스는 현재 획득한 경험치를 나타내며 플레이어가 5 이상의 경험치를 획득했을 때만 화면에 표시한다. 5 이상일 때 표시해야만 박스의 모서리가 엇갈려 보이는 현상을 방지할 수 있다. 두 번째 박스는 경험치의 최대치를 나타낸다.

경험치를 최대치까지 획득하면 레벨을 높여주고 경험치를 리셋해야 한다. OnGUI 함수의 맨 아래쪽에 다음 코드를 추가한다.

```
if(currentExpBarLength >= maxExpBarLength)
{
  currentExpBarLength = 0;
  currentExperience = 0;
  currentLevel++;
}
```

이 if문은 현재 경험치 바의 길이와 최대 경험치 바의 길이를 비교해서, 현재 경험치 바가 더 길거나 둘이 같은지 확인한다. 이 조건이 참이면 현재 경험치와 획득한 경험치 바의 길이를 0으로 리셋한다. 그런 다음에 현재 레벨을 높여준다. 2장에서 소개할 2D에 관한 내용은 여기까지다. 2D GUI를 모두 갖춘 신의 모습은 다음 그림과 같다.

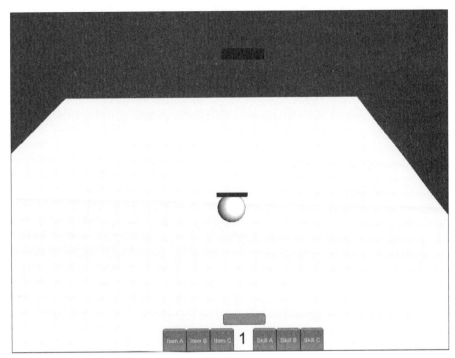

실감나는 3D UI

3D로 만들 GUI 요소는 2D로 만들었던 GUI 요소와 비슷하다. 체력 바, 피해량 알림, 적 이름표를 3D로 만들 예정이다.

3D UI 스크립트 작성

3D UI 스크립트를 만드는 과정은 2D UI 스크립트를 만들었던 과정과 비슷하다. 새로운 C# 스크립트를 만들고 이름을 GUI_3D로 변경한다.

3D 체력 바 생성

첫 단계로 체력 바를 만드는 데 필요한 변수를 추가한다.

```
public float currentHealth = 100;
public float maximumHealth = 100;
```

```
float currentBarLength;
public Transform HealthBar;
Vector3 OrigScale;
```

앞쪽 세 개의 변수는 체력 바의 계산에 사용할 변수다. Transform 변수는 체력 바로 사용할 3D 오브젝트의 변환 방법을 나타낸다. Vector3 변수는 바의 크기를 변경할 때 사용할 기준 배율이다.

이제 Start() 함수를 추가한다. 다음과 같이 Start() 함수를 사용해서 OrigScale 변수의 값을 설정한다.

```
void Start()
{
  OrigScale = HealthBar.transform.localScale;
}
```

체력 바에 관한 다른 작업을 하기 전에 OrigScale을 설정했다. 이 변수는 체력 바의 길이를 정하는 기준으로 사용할 예정이다. 이제 Update() 함수를 만들 차례다.

```
void Update()
{
  currentBarLength = currentHealth / maximumHealth;
  HealthBar.transform.LookAt(Camera.main.transform);

  if(Input.GetButton("Fire1"))
  {
    currentHealth -= 1.00f;
    ChangeBar();
  }
}
```

체력 바 오브젝트의 크기를 변경할 때 사용할 currentBarLength에 currentHealth 를 maximumHealth로 나눈 값을 대입한다. 이 나눗셈의 결과는 항상 1 이하이므로 체력 바의 크기를 줄이는 용도로 쓰기에 더할 나위 없다. 다음으로 HealthBar 사각형이 카메라를 바라보게^{LookAt} 한다. 이렇게 해야 3D 공간 어디에서든 항상 체력 바를 볼 수 있다. 테스트용으로 왼쪽 마우스 버튼이 눌릴 때 currentHealth 값을 줄이고

ChangeBar() 함수를 호출하는 코드를 추가한다.

3D 체력 바를 만드는 마지막 단계로 다음과 같이 ChangeBar() 함수를 추가한다.

```
void ChangeBar()
{
  HealthBar.transform.localScale =
      Vector3.Lerp(OrigScale,
              new Vector3(currentBarLength, OrigScale.y,OrigScale.z),
              Time.time);
}
```

먼저 CurrentBarLength를 사용해서 체력 바의 길이를 결정하는 새로운 배율 값을 구한 뒤에 OrigScale과 새로운 배율을 선형보간^{lerp}한 결과를 HealthBar 사각형의 localScale 값으로 설정한다. 신을 테스트하는 동안 왼쪽 마우스 버튼을 누르면 체력 바가 줄어드는 것을 볼 수 있다.[1]

3D 피해량 알림 생성

피해량 알림은 적에게 피해를 줄 때마다 잠시 동안 적의 머리 위에 나타나서 피해량을 알려주고 사라지는 UI다. 먼저 피해량 알림에 사용할 변수를 스크립트에 추가한다.

```
public TextMesh DamageReport;
public float Damage = 5;
Color txtColor;
public float SpawnTime = 2;
public float KillTime = 3;
public float PreviousTime = 0;
bool HasChanged = false;
```

TextMesh는 게임 내에서 피해량을 표시할 때 쓰이는 3D 텍스트 오브젝트다. Damage 변수는 TextMesh의 텍스트에 표시할 값이다. Color 변수는 TextMesh 오브젝트의 알파 값을 설정하는 용도로 사용한다. 매번 TextMesh 오브젝트의 인스턴스를 새로 만들

---

1 체력이 0 미만으로 바뀌는 상황, 즉 음수로 바뀌는 상황에 관한 예외처리가 없다는 점을 고려하길 바란다. - 옮긴이

지 않고 알파 값을 사용해서 하나의 오브젝트를 계속 표시하고 감추는 방식으로 구현하려 한다.

뒤이어 나오는 세 개의 float 변수는 타이머를 생성할 때 쓰인다. 타이머를 사용해서 원하는 시점에 피해량 알림을 표시하거나 감추려 한다. 마지막 불리언 변수는 적에게 피해를 줬는지 아닌지 확인하는 용도로 사용한다.

이제 Start() 함수에 다음 코드를 추가한다.

```
txtColor = DamageReport.color;
txtColor.a = 0;
```

txtColor 변수를 사용해서 피해량 알림을 표시하거나 감추려 한다. 먼저 TextMesh의 색상에 txtColor를 대입한 뒤에 알파 값을 0으로 설정한다. 적에게 피해를 줄 때만 플레이어에게 보여주려 하므로 일단 0으로 설정해서 감춰놓는다.

업데이트 함수 수정

이제 Update() 함수를 수정할 차례다. 상당히 많은 부분을 수정해야 하므로 먼저 함수 전체를 보여주고 하나하나 살펴보려 한다.

```
void Update()
{
  currentBarLength = currentHealth / maximumHealth;
  HealthBar.transform.LookAt(Camera.main.transform);

  DamageReport.color = txtColor;
  if(Time.time > (SpawnTime + PreviousTime))
  {
    DamageReport.text = Damage.ToString();
    txtColor.a = 1;
    if(!HasChanged)
    {
      currentHealth -= Damage;
      ChangeBar();
    }
  }
```

```
  if(Time.time > (KillTime + PreviousTime))
  {
    DamageReport.text = "";

    txtColor.a = 0;
    PreviousTime = Time.time;
    HasChanged = false;
  }
}
```

처음 두 줄은 바꾸지 말고 그대로 함수의 맨 앞에 둬야 한다. 다음 줄에서는 TextMesh
의 색상에 미리 만들어둔 txtColor 변수를 대입한다. 그리고 그다음 줄에서 첫 번째
타이머가 등장한다.

```
if(Time.time > (SpawnTime + PreviousTime))
{
  DamageReport.text = Damage.ToString();
  txtColor.a = 1;
  if(!HasChanged)
  {
    currentHealth -= Damage;
    ChangeBar();
  }
}
```

먼저 현재 시각이 SpawnTime 변수와 PreviousTime 변수를 더한 값보다 큰지 확인한
다. SpawnTime은 피해량 알림을 표시할 때 사용하는 변수다.[2] PreviousTime은 나중에
설정한다. 이 변수는 지난번 피해량 알림을 표시했던 시각을 기록하는 용도로 쓰인다.

현재 시각이 SpawnTime과 PreviousTime의 합보다 크면 피해량 알림을 표시한다. 먼
저 Damage 변수 값을 TextMesh의 텍스트로 설정한 뒤에 알파 값을 1로 설정한다. 이

---

2 PreviousTime, SpawnTime, KillTime을 사용해서 피해량 알림을 표시하는 방법이 그다지 직관적이지 않으므로 부연하자면
  다음과 같다. PreviousTime=0으로 시작하는 루프라고 생각하면 이해하기 쉽다. PreviousTime 이후 SpawnTime 동안은
  알림을 표시하지 않고 PreviousTime + SpawnTime일 때 표시한다. 그리고 PreviousTime + KillTime까지 알림을 표시한
  뒤에 PreviousTime + KillTime에 알림을 감추면서 이때의 시각을 PreviousTime에 저장한다. 그리고 이 과정을 반복한다.
  결과적으로 알림은 KillTime – SpawnTime 동안 화면에 머문 뒤에 SpawnTime 동안 사라진다. 예제처럼 SpawnTime=2,
  KillTime=3이면 1초 동안 표시한 뒤에 2초 동안 감춘다는 뜻이다. – 옮긴이

제 플레이어는 화면에서 피해량 알림을 볼 수 있다.

그런 다음에 HasChanged가 false인지 확인한다. false면 체력에서 Damage 값만큼을 뺀다. 그리고 ChangeBar 함수를 실행한다. 이제 두 번째 타이머를 살펴볼 차례다.

```
if(Time.time > (KillTime + PreviousTime))
{
  DamageReport.text = "";

  txtColor.a = 0;
  PreviousTime = Time.time;
  HasChanged = false;
}
```

첫 번째 타이머와 비슷한 if문이지만 SpawnTime이 아닌 KillTime을 확인한다. KillTime은 피해량 알림을 감출 때 사용하는 변수다. if문 안의 첫 줄에서 TextMesh의 텍스트를 비운다. 추가로 알파 값을 0으로 설정해서 TextMesh를 감춘다.

이어서 PreviousTime 변수에 현재 시각을 대입한다. 이제 PreviousTime은 지난번 피해량 알림이 사라진 시각을 나타낸다. 마지막으로 HasChanged 변수를 false로 설정한다.

피해량 알림 마무리

피해량 알림 생성의 마지막 단계로 ChangeBar() 함수에 다음과 같이 코드 한 줄을 추가한다.

```
HasChanged = true;
```

이 변수를 true로 설정해야 나중에 ChangeBar() 함수를 다시 실행할 수 있다. 여기서 이 불리언 변수를 사용해 Update() 함수가 ChangeBar() 함수를 끊임없이 실행하지 못하게 막아두지 않으면, 금세 currentHealth가 0 아래로 떨어져서 체력 바의 배율이 음수로 바뀌어버린다.

3D 이름표 생성

이름표는 플레이어에게 적의 이름과 레벨을 보여주는 역할을 한다. 이름표를 만드는 과정은 피해량 알림을 만드는 과정과 비슷하다. 먼저 필요한 변수를 추가한다.

```
public string Name = "Skeleton Warrior";
public int Level = 1;
public TextMesh NameTag;
```

나중에 인스펙터 창을 통해 쉽게 설정할 수 있게 모든 변수를 public으로 만들었다. Name 문자열은 적의 이름을, Level 정수는 적의 레벨을 나타내며 TextMesh 변수인 NameTag는 Name 변수와 Level 변수의 값을 표시하는 데 사용할 오브젝트다.

그런 다음에 이름표를 설정하는 함수를 새로 만든다. 스크립트의 아래쪽에 다음 함수를 추가한다.

```
void SetNameTag()
{
  NameTag.text = Level + " " + Name;
}
```

이 함수는 NameTag의 text 속성에 적의 레벨과 이름을 설정한다. 이때 둘 사이에 공백을 넣어서 이름표를 알아보기 쉽게 만든다. 이름표를 마지막으로 3D GUI를 만드는 여정도 끝났다. 지금까지 만든 2D, 3D GUI가 들어간 신은 다음 그림과 비슷한 모습이 된다.

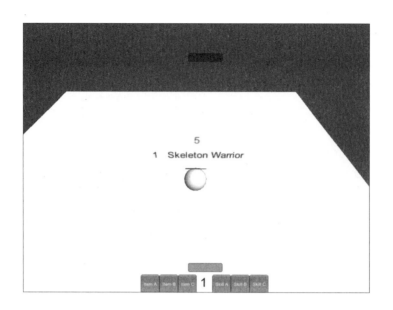

플레이 테스트

플레이 테스트를 통해 2장의 여러 가지 내용을 확인해보는 방법은 다음과 같다.

1. 예제를 실행한 뒤에 모든 기능이 제대로 동작하는지 확인한다.

2. 카메라의 각도를 바꿔가면서 3D GUI가 항상 카메라를 향하는지 확인한다.

3. GUI 버튼의 동작을 확인하려면 각 버튼을 처리하는 코드에 Debug.Log문을 추가한다.

4. currentExperience 변수의 값을 바꿔가며 경험치 바가 제대로 동작하는지 확인한다.

5. 타이머에 사용한 변수의 값을 바꿔가며 잘 어울리는 값을 찾는다.

요약

2장을 통해 GUI를 생성하는 몇 가지 방법을 배웠다. 먼저 버튼, 바, 텍스트 같은 전통적인 2D GUI를 생성하는 방법을 배웠다. 그런 다음에 3D 체력 바, 3D 피해량 알림, 3D 이름표 같은 3D GUI를 만드는 방법을 배웠다.

3장에서는 게임 안에서 아이템으로 사용할 클래스를 만드는 방법을 배운다. 먼저 플레이어 자신에게 작용하는 아이템의 클래스를 만든 뒤에 근처의 오브젝트에 작용할 수 있는 아이템의 클래스를 만든다. 마지막으로 투척 또는 발사할 아이템의 클래스를 만든다. 모두 플레이어, 적, 주변 오브젝트에 영향을 줄 수 있는 클래스다.

3 확장 가능한 아이템 클래스

비디오 게임에서 아이템은 매우 중요한 몫을 차지한다. 연장, 무기, 덫, 옷, 방어구, 탄약, 열쇠 등이 모두 아이템에 속할 수 있다. 아이템은 플레이어가 게임 내에서 가장 많이 상호작용하는 대상이다. 빈번하게 쓰이는 만큼 아이템마다 클래스를 따로 만들지 않고 모든 가능한 상황에서 사용할 수 있게 확장 가능한 아이템 클래스를 만드는 편이 바람직하다.

3장은 다음과 같은 주제를 다룬다.

- 커스터마이징할 수 있는 아이템 클래스 생성
- 메시지 전달을 통해 게임 오브젝트끼리 상호작용하는 방법
- 플레이어 자신에게 작용하는 셀프 아이템 클래스 생성
- 주위의 오브젝트와 적에게 작용하는 근접 아이템 클래스 생성
- 멀리 보낼 아이템에 사용할 수 있는 발사 아이템 클래스 생성
- 모든 오브젝트의 역할을 결정하는 분류 체계 활용
- 근접 아이템과 발사 아이템 클래스에 트리거를 기반으로 한 충돌 판정 적용
- 발사 아이템에 두 종류의 움직임 적용

셀프 아이템 클래스

처음으로 만들 클래스는 아이템을 사용한 플레이어에게 작용하는 아이템의 클래스다. 플레이어가 사용하는 아이템은 캐릭터의 여러 능력치를 추가 또는 제거하거나 일정 시간 동안 버프, 디버프하는 작용을 한다.[1] 이제 스크립트를 작성해보자. 새로운 C# 스크립트를 만들고 이름을 itemSelf로 변경한다.

필요한 변수 추가

먼저 클래스 선언 위쪽에 다음과 같은 열거형 형식을 추가한다.

```
public enum SelfAction {BuffDebuff, ChangeHP, ChangeArmor, None};
public enum SelfType {Armor, Potion, None};
```

첫 번째 열거형은 아이템의 효과를 나타낸다. 지금은 세 개뿐이지만 개발자의 취향에 따라 추가, 변경할 수 있다. 두 번째 열거형은 아이템의 종류를 나타낸다. 예제에서는 물약portion과 방어구armor만 다루려 한다. 이제 클래스 안쪽에 다음 변수를 추가한다.

```
public GameObject Player;
public int Amount, Value, ArmorAmount;
public float Weight;
public string Name, Stat;
public SelfAction selfAction = SelfAction.None;
public SelfType selfType = SelfType.None;
```

먼저 능력치를 변경할 플레이어 캐릭터를 가리키는 GameObject 변수를 추가한다. 나머지는 아이템의 속성에 관한 변수다. 마지막으로 앞서 만든 두 열거형 변수를 추가한다. 이렇게 모든 변수를 public으로 만들어놓으면 스크립트를 게임 오브젝트에 드래그앤드롭drag and drop하기만 해도 아이템을 생성할 수 있다.

---

1 버프(buff)와 디버프(debuff): 버프란 게임 중에 일시적으로 캐릭터의 능력을 강화하는 효과를 말한다. 반대로 디버프란 대상의 능력을 약화하거나 페널티를 부여하는 효과를 말한다. 원래 근대 영미권 도시에서 물을 뿌린 물소 가죽(Buffalo skin) 코트를 입고 화재를 진압하는 소방관을 칭하던 말로 근육질 몸매, 강인한 신체를 뜻하는 속어였으나, 1999년에 나온 MMORPG 에버퀘스트(EQ, Everquest)가 최초로 이 용어를 게임에 도입하면서 현재와 같은 의미로 쓰이기 시작했다. – 옮긴이

능력치 변경 함수

아이템 스크립트에 추가할 첫 함수는 플레이어의 능력치를 강화 또는 약화하는 함수다. 스크립트에 다음 코드를 추가한다.

```
void BuffDebuffStat()
{
  Player.SendMessage("BuffDebuffStat",
                     new KeyValuePair<string, int>(Stat, Amount));
}
```

이 함수를 호출하면 플레이어에게 자신의 스크립트에 들어있는 함수를 호출해서 지정한 능력치의 값을 증가 또는 감소시키라는 메시지를 보낸다. 메시지를 통해 호출해야 할 함수를 알려주는 동시에 KeyValuePair 변수를 전달한다. 이때 KeyValuePair를 사용해서 변경하려는 능력치와 변경하려는 양을 함께 전달한다.

체력 변경 함수

다음으로 추가할 함수는 플레이어의 체력에 영향을 주는 함수다. 스크립트에 다음 코드를 추가한다.

```
void ChangeHealth()
{
  Player.SendMessage("ChangeHealth", Amount);
}
```

ChangeHealth를 호출하면 플레이어에게 ChangeHealth라는 함수를 호출하라는 메시지를 보내면서 Amount를 함께 전달한다. 보다시피 Amount를 자주 사용한다. 능력치 변경은 모두 양과 관련이 있으므로 간단하게 하나의 변수를 사용한다.

방어력 변경 함수

두 번째로 추가할 능력치 변경 함수는 플레이어의 방어력을 변경하는 함수다. 스크립트에 다음 함수를 추가한다.

```
void ChangeArmorAmount()
{
```

```
  Player.SendMessage("ChangeArmorAmount", ArmorAmount);
}
```

이 함수는 ChangeHealth 함수와 비슷하다. 플레이어에게 플레이어의 방어력을 변경하는 함수를 호출하라는 메시지를 보낸다. 이때 변경하고 싶은 양도 함께 보낸다.

아이템 효과 발동 함수

마지막으로 추가할 함수는 다른 클래스에서 불릴 함수로, 아이템의 효과를 발동하는 역할을 한다. 스크립트에 다음과 같이 마지막 함수를 추가한다.

```
void Activate()
{
  switch(selfAction)
  {
  case SelfAction.BuffDebuff:
    BuffDebuffStat();
    break;
  case SelfAction.ChangeHP:
    ChangeHealth();
    break;
  case SelfAction.ChangeArmor:
    ChangeArmorAmount();
    break;
  }

  if(selfType == SelfType.Potion)
    Destroy(gameObject);
}
```

이 함수는 먼저 switch 구문을 사용해서 setAction 변수를 확인한다. 플레이어가 사용한 아이템의 효과를 간단하게 확인하는 방법이다. 함수의 마지막 줄에서는 아이템의 종류를 확인한다. 사용한 아이템이 물약이면 해당 게임 오브젝트를 파괴한다. 방어구처럼 한 번 사용했다고 파괴할 수 없는 아이템도 있으므로 selfType 변수를 사용해서 아이템의 종류를 지정해줘야 한다.

근접 아이템 클래스

근접[2] 아이템 클래스는 셀프 아이템 클래스와 비슷한 속성과 함수를 지닌다. 하지만 함수의 작용 대상이 플레이어가 아닌 다른 게임 오브젝트라는 차이가 있다. 또 아이템의 효과를 발동하는 방법도 다르다.

먼저 새로운 스크립트를 만들고 이름을 itemMelee로 변경한다. 그리고 다음과 같이 itemSelf 클래스에 사용했던 변수와 비슷한 변수를 스크립트에 추가한다.

필요한 변수 추가

클래스 선언 위쪽에 열거형 형식 두 개를 추가한다.

```
public enum MeleeAction {BuffDebuff, ChangeHP, ActivateEnv, None};
public enum MeleeType {Weapon, Potion, None};
```

MeleeAction 열거형은 근접 아이템의 효과를 나타낸다. 근접 아이템은 다양한 게임 오브젝트와 상호작용할 수 있으므로 효과 역시 천차만별이다. MeleeType 열거형은 플레이어가 무기를 사용하는지, 물약을 사용하는지, 아니면 아이템을 사용하지 않는지를 나타낸다. 이제 클래스 안쪽에 나머지 변수를 추가한다.

```
public int Amount, Value;
public float Weight;
public string Name, Stat;
public MeleeAction meleeAction = MeleeAction.None;
public MeleeType meleeType = MeleeType.None;
```

보다시피 itemSelf 클래스에 사용했던 변수와 비슷하다. 차이점은 MeleeType, MeleeAction 열거형뿐이다.

---

2 근접(Melee): 혼전, 난투를 뜻하는 단어로 게임에서는 주로 근접 전투에 관한 무기나 근접 전투형 캐릭터를 말한다. 정확한 발음은 아니지만, 국내 게이머들은 주로 '밀리'라고 부른다. – 옮긴이

능력치 변경 함수

근접 아이템에 추가할 첫 함수는 아이템을 통해 다른 오브젝트의 능력치를 변경하는 함수다. 스크립트에 다음 함수를 추가한다.

```
void BuffDebuffStat(GameObject other)
{
  other.SendMessage("BuffDebuffStat",
                    new KeyValuePair<string, int>(Stat, Amount));
}
```

이 함수는 근접 아이템의 효과를 적용할 게임 오브젝트를 인수로 받는다. 그런 다음, 게임 오브젝트에게 능력치를 변경하는 함수를 호출하라는 메시지와 함께 KeyValuePair를 전달한다. 이 KeyValuePair는 변경하려는 능력치와 변경할 양을 담고 있다.

체력 변경 함수

다음으로 추가할 함수는 근접 아이템을 통해 다른 게임 오브젝트의 체력을 변경하는 함수다. BuffDebuffStat 함수 뒤에 다음 함수를 추가한다.

```
void ChangeHealth(GameObject other)
{
  other.SendMessage("ChangeHealth", Amount);
}
```

이 함수를 호출하면 근접 아이템과 부딪힌 게임 오브젝트의 체력이 바뀐다. 게임 오브젝트를 치료하거나 해칠 수 있다는 뜻이다. 어느 쪽이든 이 함수 하나로 처리할 수 있다.

주위 오브젝트와 상호작용

이번에 추가할 함수는 플레이어가 주위 오브젝트와 상호작용할 수 있게 하는 함수다. 다음 함수를 스크립트에 추가한다.

```
void ActivateEnvironment(GameObject other)
{
```

```
  other.SendMessage("Activate");
}
```

이 함수는 플레이어와 상호작용할 수 있는 주위의 오브젝트와 근접 아이템이 부딪힐 때 호출된다. 그리고 상호작용하려는 오브젝트에게 효과를 발동하라는 메시지를 전달한다. 나머지 상호작용은 메시지를 받은 게임 오브젝트가 처리한다.

트리거 감지

방금 만든 함수를 호출하려면 근접 아이템과 다른 게임 오브젝트 사이에 상호작용이 일어나야 한다. 스크립트에 다음 함수를 추가한다.

```
void OnTriggerEnter(Collider col)
{
  switch(col.gameObject.tag)
  {
  case "Enemy":
    if(meleeType != MeleeType.Potion)
    {
      if(meleeAction == MeleeAction.ChangeHP)
        ChangeHealth(col.gameObject);

      if(meleeAction == MeleeAction.BuffDebuff)
        BuffDebuffStat(col.gameObject);

      if(meleeAction == MeleeAction.ActivateEnv)
        ActivateEnvironment(col.gameObject);
    }
    break;
  case "Environment":
    if(meleeType == MeleeType.Potion)
    {
      if(meleeAction == MeleeAction.ChangeHP)
        ChangeHealth(col.gameObject);
      if(meleeAction == MeleeAction.BuffDebuff)
        BuffDebuffStat(col.gameObject);
    }
```

```
      break;
    }
  if(meleeType == MeleeType.Potion)
    Destroy(gameObject);
}
```

OnTriggerEnter를 사용해서 근접 아이템이 플레이어와 인접한 게임 오브젝트에 닿았는지 확인한 뒤에 적절한 능력치 변경 함수를 호출한다. 근접 아이템이 트리거 게임 오브젝트와 충돌하면 OnTriggerEnter 함수가 불리면서 충돌한 게임 오브젝트를 넘겨받는다.

그런 다음에 switch문을 사용해서 트리거 게임 오브젝트의 태그^{tag}를 확인한다. 태그를 통해 근접 아이템을 사용한 플레이어와 부딪힌 오브젝트를 쉽게 확인할 수 있다. 올바른 태그를 지닌 게임 오브젝트를 찾은 뒤에 meleeType 변수와 meleeAction 변수를 차례로 확인한다.

근접 아이템의 종류에 따라 적용할 수 있는 효과와 적용할 수 없는 효과가 나뉜다. 두 case문에선 아이템의 종류가 물약인지 아닌지 확인한다. 이 결과에 따라 효과의 적용 여부가 정해진다. 또 사용한 근접 아이템이 물약이었다면 함수의 마지막 줄에서 아이템을 파괴한다. 이렇게 해야 물약을 확실하게 일회용 아이템으로 만들 수 있다.

발사 아이템 클래스

이제 마지막 아이템 클래스인 발사 아이템 클래스를 살펴볼 차례다. 총알, 화살, 투척용 아이템 등이 발사 아이템에 속한다. 발사 아이템 클래스는 근접 아이템 클래스와 비슷하지만, 아이템을 움직일 수 있는 함수가 있다는 차이가 있다. 새로운 스크립트를 만들고 이름을 itemRanged로 변경한다.

필요한 변수 추가

앞서 만든 두 클래스와 마찬가지로 먼저 스크립트에 열거형 형식 몇 개를 추가해야 한다. 다음 코드를 클래스 선언 위쪽에 추가한다.

```
public enum RangedAction {BuffDebuff, ChangeHP, ActivateEnv, None};
public enum RangedType {Weapon, None};
public enum MovementType {Basic, Drop, None};
```

보다시피 낯익은 열거형 두 개를 사용해서 아이템의 효과와 종류를 지정하려 한다.
또 아이템이 움직이는 방식을 지정할 새로운 열거형도 있다. Basic은 직선으로 날아
가는 단순한 움직임을 나타낸다. Drop은 Basic과 비슷하지만 마치 중력이 작용하듯
이 날아가는 오브젝트를 떨어뜨릴 수 있다.

이제 클래스 안 쪽에 나머지 변수를 추가한다.

```
public int Amount, Value;
public float Weight, Speed, DropSpeed;
public string Name, Stat;
public RangedAction rangedAction = RangedAction.None;
public RangedType rangedType = RangedType.None;
public MovementType moveType = MovementType.None;
```

보다시피 앞서 사용했던 변수와 비슷한 변수가 많다. 모두 아이템 구현에 쓰이는 전
형적인 변수로 MovementType 등 움직임에 관한 변수를 추가했을 뿐이다. 이제 함수
를 추가해보자.

능력치 변경 함수

발사 아이템이 적의 능력치에 영향을 줄 수 있게 만들어보자. 스크립트에 다음 함수
를 추가한다.

```
void BuffDebuffStat(GameObject other)
{
  other.SendMessage("BuffDebuffStat",
                    new KeyValuePair<string, int>(Stat, Amount));
}
```

근접 아이템 때와 마찬가지로 발사한 아이템과 충돌한 게임 오브젝트를 넘겨받는다.
그런 다음, 해당 오브젝트에 함수를 호출하라는 메시지를 보내고 KeyValuePair 변수
를 전달한다.

체력 변경 함수

다음 함수는 발사 아이템이 지닌 가장 흔한 효과인 다른 오브젝트를 해치거나 치료하는 함수다. 스크립트에 다음 함수를 추가한다.

```
void ChangeHealth(GameObject other)
{
  other.SendMessage("ChangeHealth", Amount);
}
```

꽤 낯이 익을 것이다. 사실 근접 아이템의 체력 변경 함수와 똑같다.

움직임 추가

다음은 발사 아이템에 움직임을 더하는 함수다. 두 종류의 움직임을 적용하려 하므로 함수 두 개를 따로 구현한다.

```
void BasicMovement()
{
  transform.Translate(Vector3.forward * (Time.deltaTime * Speed));
}

void DropMovement()
{
  transform.Translate(new Vector3(0, DropSpeed, 1) *
                                 (Time.deltaTime * Speed));
}

void Update()
{
  switch(moveType)
  {
  case MovementType.Basic:
    BasicMovement();
    break;
  case MovementType.Drop:
    DropMovement();
    break;
```

```
    }
}
```

Update 함수에서는 switch문으로 moveType 변수를 확인해서 발사 아이템이 날아가는 방식을 결정한다. 부여한 값에 따라 BasicMovement 함수나 DropMovement 함수를 호출한다. 먼저 BasicMovement 함수의 코드를 살펴보자.

```
transform.Translate(Vector3.forward * (Time.deltaTime * Speed));
```

게임 오브젝트의 변환에 z축 방향으로 전진하는 평행 이동을 설정한다. 이동 벡터에 deltaTime과 Speed 변수를 곱한 평행 이동이다. Speed 변수의 값을 변경하면 아이템이 움직이는 속도를 조절할 수 있다.

이제 DropMovement 함수의 코드를 살펴보자.

```
transform.Translate(new Vector3(0, DropSpeed, 1) *
                                (Time.deltaTime * Speed));
```

BasicMovement의 코드와 비슷하지만, 이동 벡터가 다르다. y축에 DropSpeed 변수를 사용해서 발사 아이템이 날아가면서 땅으로 떨어지게 한다. 마치 발사 아이템에 중력이 작용하는 듯이 보이면서 더욱 현실적인 느낌을 준다. 또 발사한 아이템이 끝없이 날아가지 않고 떨어지므로 플레이어가 적을 공격하기 조금 어려워지며 게임 방식 자체가 새롭게 바뀐다.

트리거 감지

이제 발사 아이템을 감지하는 함수를 추가하려 한다. 근접 아이템 클래스에서 사용했던 방법과 비슷한 방법을 사용할 예정이다. 스크립트에 다음 코드를 추가한다.

```
void OnTriggerEnter(Collider col)
{
  switch(col.gameObject.tag)
  {
  case "Enemy":
    if(rangedType == RangedType.Weapon)
    {
```

```
      if(rangedType != RangedType.None)
      {
        if(rangedAction == RangedAction.ChangeHP)
          ChangeHealth(col.gameObject);

        if(rangedAction == RangedAction.BuffDebuff)
          BuffDebuffStat(col.gameObject);

        if(rangedAction == RangedAction.ActivateEnv)
          ActivateEnvironment(col.gameObject);
      }
    }
    break;
  case "Environment":
    if(rangedType != RangedType.None)
    {
      if(rangedAction == RangedAction.ChangeHP)
        ChangeHealth(col.gameObject);

      if(rangedAction == RangedAction.BuffDebuff)
        BuffDebuffStat(col.gameObject);

      if(rangedAction == RangedAction.ActivateEnv)
        ActivateEnvironment(col.gameObject);
    }
    break;
  }
  Destroy(gameObject);
}
```

근접 아이템과 마찬가지로 트리거를 사용해서 발사 아이템의 충돌 여부를 감지한다.
충돌이 일어났다면 게임 오브젝트의 충돌체를 넘겨받는다. 충돌을 감지하고 충돌체
를 받고 나면 다음과 같은 단계를 밟으면서 다음에 할 일을 결정한다.

- switch문에서 충돌체의 태그를 통해 충돌한 오브젝트를 확인한다.
- rangedType 변수가 None이 아닌지 확인한다.
- 그런 다음, 몇 개의 if문을 통해 적용할 효과를 알아낸다.

- 적용할 효과를 찾고 나면 효과에 따라 적절한 함수를 호출한다.
- 함수를 호출하면서 충돌한 게임 오브젝트도 함께 전달한다.
- 마지막으로 여기까지의 과정이 모두 끝났다면 발사 아이템을 삭제한다.

좀 이상해 보일 수 있지만, 실제로 발사 아이템이 해야 할 일을 결정하는 단계를 따르고 있을 뿐이다. 이것으로 발사 아이템을 포함한 모든 아이템 클래스에 관한 내용을 마무리한다. 이제 플레이 테스트로 넘어갈 차례다.

플레이 테스트

지금까지 만든 아이템 클래스를 플레이 테스트하는 방법은 다음과 같다.

- 트리거를 사용하려면 게임 오브젝트가 강체[3]여야 한다는 점을 명심해야 한다.
- 모든 변수의 값을 바꿔가면서 결과를 관찰한다.
- 아이템의 효과와 종류를 다양하게 조합해가면서 결과를 관찰한다.
- 아이템 클래스에 더 많은 아이템 효과와 종류를 추가하고, 추가한 내용에 관한 함수의 동작 방식을 생각해본다.
- 테스트 신을 만들어서 지금까지 만든 아이템 클래스를 사용해본다.
- 발사 아이템 클래스의 속도 변수 값을 바꿔가면서 다양한 결과를 살펴본다.
- 근접 아이템에 체력 변수를 추가해서 아이템의 내구도를 구현해본다.
- 발사 아이템이 땅에 떨어지기 전에 여러 오브젝트를 관통하게 만들 방법이 있을지 생각해본다.
- 셀프 아이템인 물약을 사용 후 바로 파괴하지 않고 여러 번 사용 가능하게 만드는 기능을 추가해본다.

---

3 강체(Rigidbody): 힘을 가해도 모양과 부피가 변하지 않는 가상의 물체. 게임 오브젝트에 충돌과 같은 물리적 효과를 적용하려면 해당 오브젝트를 반드시 강체로 설정해야 한다. – 옮긴이

요약

3장을 통해 세 종류의 아이템을 만드는 방법을 배웠다. 먼저 아이템을 사용한 플레이어에게 작용하는 아이템의 클래스를 만들었다. 그런 다음, 다른 게임 오브젝트에 영향을 주는 근접 아이템의 클래스를 만들었다. 마지막으로 발사 아이템의 클래스를 만들었다. 세 클래스 모두 비슷한 속성과 함수를 지니지만, 각각 쓰임새가 조금씩 다르다.

4장에선 인벤토리 시스템을 만드는 방법을 살펴본다. 먼저 개발하려는 게임에 적합한 인벤토리 저장 시스템을 만드는 방법을 알아본다. 그런 다음에 플레이어가 인벤토리와 쉽게 상호작용할 수 있게 GUI를 사용해서 인터페이스 시스템을 만든다. 마지막으로 퀵 아이템 시스템을 만든다. 퀵 아이템 시스템이 있으면 플레이어가 게임을 잠시 멈추고 인벤토리 메뉴를 열지 않아도, 화면상이나 키보드 또는 컨트롤러의 단축키를 통해 아이템을 장착하거나 사용할 수 있다.

4

인벤토리

4장에선 인벤토리 저장 시스템을 만들려고 한다. 또 플레이어가 상호작용할 수 있는 인벤토리 GUI와 퀵 아이템도 만들어보려 한다. RPG, FPS 게임에서 흔히 쓰이는 퀵 아이템은 단축키를 통해 즉시 사용하거나 착용할 수 있는 아이템을 말한다. 인벤토리는 모든 장르의 다양한 게임에 쓰이므로 인벤토리를 만드는 방법을 제대로 알아두면 매우 유용하다.

4장은 다음과 같은 주제를 다룬다.

- 게임 오브젝트를 저장하는 시스템 생성
- 인벤토리에 아이템 추가
- 인벤토리에서 아이템 제거
- 인벤토리 초기화
- 인벤토리의 크기를 유동적으로 변경
- 같은 아이템을 여러 개 저장할 수 있게 만드는 방법
- 퀵 아이템 전용 입력을 통해 사용할 수 있는 퀵 아이템 설정
- 인벤토리 전용 입력을 통해 인벤토리 사용
- GUI를 사용해서 화면에 인벤토리 표시

인벤토리의 특징

인벤토리를 만들기 전에 개발하려는 게임에 가장 잘 맞는 인벤토리의 형태를 따져봐야 한다. 인벤토리를 디자인할 때 살펴봐야 할 인벤토리의 특징은 다양하다. 앞으로 이야기할 인벤토리의 특징은 다음과 같다.

- 허용치
- 사용법
- 정리 방법

인벤토리의 허용치

보통 인벤토리의 허용치를 제한하는 조건은 무게와 슬롯의 수다. 인벤토리의 허용치가 무게라면 아이템의 무게를 합했을 때 허용치를 넘지 않아야 들고 다닐 수 있다. 슬롯 수를 기준으로 하는 인벤토리는 아이템을 슬롯의 수만큼만 담을 수 있다. 이때 아이템의 무게는 상관하지 않는다. 아예 아이템에 무게의 개념이 없을 수도 있다.

무게를 제한하는 인벤토리를 사용하는 게임의 예로 '엘더 스크롤 V: 스카이림^{The Elder Scrolls V: Skyrim}'을 들 수 있다. 스카이림의 플레이어는 아이템 무게의 합이 정해진 허용치에 도달할 때까지 인벤토리에 아이템을 넣을 수 있다. 슬롯의 수를 제한하는 인벤토리를 사용하는 게임의 예로 '보더랜드^{Borderlands}'를 들 수 있다. 보더랜드에서 플레이어의 배낭은 아이템을 저장할 수 있는 여러 개의 슬롯으로 이뤄져 있다. 슬롯이 가득 차면 아이템을 더 담을 수 없다.

또 슬롯 수와 무게를 합쳐서 인벤토리의 허용치를 정하는 게임도 있다. 이런 게임의 예로 '발더스 게이트 2^{Baldur's Gate 2}'를 들 수 있다. 발더스 게이트 2에서 플레이어의 배낭은 여러 개의 슬롯으로 이뤄져 있을 뿐만 아니라 무게에도 제한이 있다. 따라서 인벤토리의 슬롯에는 아직 여유가 있는데 아이템의 무게가 허용치를 넘을 때도 있고, 반대로 인벤토리의 슬롯은 꽉 찼는데 무게는 최대 허용치에 못 미칠 때도 있다.

인벤토리의 사용법

인벤토리의 사용법을 정할 땐 선택지가 몇 개 있다. 가장 흔한 방법은 플레이어가 메뉴, 퀵 아이템, 아이템 바를 통해 인벤토리를 사용할 수 있게 하는 것이다. 또 이런 방법 중 일부를 함께 적용하거나 전부 적용해서 플레이어가 인벤토리를 적극적으로 활용하게 유도할 수도 있다.

메뉴 방식의 인벤토리일 때는 플레이어가 키보드의 키나 게임패드의 버튼을 누르면 게임 플레이를 잠시 중단하고 인벤토리 메뉴로 넘어간다. 게임에 따라 하나의 메뉴를 통해 인벤토리 전체를 보여주는 게임도 있고 아이템별로 메뉴가 나뉘는 게임도 있다.

퀵 아이템 방식으로 인벤토리를 사용할 때는 키나 버튼만 누르면 즉시 아이템을 사용할 수 있다. 먼저 인벤토리 메뉴에서 퀵 아이템으로 쓸 아이템을 정해야 하는 게임도 있고 사용할 아이템을 키나 버튼에 일일이 할당해야 하는 게임도 있다.

플레이어가 상당히 많은 아이템을 사용해야 하는 게임을 만드는 중이라고 하자. 메뉴를 여느라 플레이의 흐름이 끊기는 것이 싫다면 아이템 바가 필요할 수도 있다. 아이템 바를 사용하는 게임의 예로 MMORPG인 '월드 오브 워크래프트WOW, World of Warcraft'를 들 수 있다.[1] 아이템 바란 아이템, 주문, 특수 능력 등에 해당하는 버튼으로 이뤄진 바 형태의 GUI를 말한다. 각 버튼의 역할은 플레이어가 자유자재로 설정할 수 있으므로 메뉴를 통해 인벤토리를 열지 않고도 좋아하는 아이템이나 자주 쓰는 아이템을 바로 사용할 수 있다.

인벤토리 정리 방법

인벤토리에 들어있는 아이템을 정리하는 방법은 아이템의 무게, 아이템의 종류, 슬롯크기, 알파벳 순서 등에 따라 몇 가지로 나눌 수 있다. 무게에 따라 정리하면 가벼운 아이템에서 무거운 아이템 순으로 또는 무거운 아이템에서 가벼운 아이템 순으로 정리할 수 있다. 아이템의 종류에 따라 정리하면 치료 아이템, 무기, 방어구가 따로 나뉜다. 이렇게 종류별로 나뉜 아이템을 각각 여러 개의 하위 메뉴로 만들 수도 있다.

아이템마다 차지하는 가로, 세로 슬롯 수가 다른 '디아블로Diablo' 시리즈 같은 게임은

---

1 WOW 영문 버전에서는 'action bar', 한글 버전에서는 '행동 단축 바'라는 용어를 사용한다. – 옮긴이

슬롯의 크기에 따라 정리하는 방법을 사용한다. 플레이어는 인벤토리에 들어있는 아이템을 옮겨가며 다른 아이템을 넣을 공간을 만들어야 한다. 마지막으로 앞서 언급했듯이 알파벳 순서로 정리하는 방법도 있다. 이렇게 정리하면 이름에 따라 알파벳 순서로 또는 알파벳의 역순으로 아이템을 표시한다.

아이템의 수량 변화

인벤토리의 특성을 이야기하고 있으므로 인벤토리의 아이템이 늘어나거나 줄어들 수 있는 경우도 살펴봐야 한다. 아이템이 늘거나 줄 수 있는 경우는 다음과 같다.

- 아이템을 사고 팔거나 교환한다.
- 아이템을 줍거나 버린다.
- 아이템을 파괴한다.

아이템 거래

아이템이 엄청나게 많은 게임이라면 게임 안에 아이템을 사고 팔 수 있는 상점을 만들어놓는 방법이 있다. 아이템이 많을 수밖에 없는 RPG 게임에서 매우 흔히 볼 수 있는 방식이다. 아이템을 교환하는 방법도 있다. 플레이어끼리 메뉴를 통해 아이템을 교환할 수 있는 온라인 게임에서 주로 눈에 띄는 방법이다.

아이템을 줍거나 버린다

인벤토리가 완전히 또는 거의 가득 차면 꼭 필요한 아이템을 가려내야 하는 순간이 온다. 아이템을 버리는 기능이 있다면 필요 없는 아이템을 버리고 그 자리를 새로운 아이템으로 채울 수 있다. 플레이어가 버린 아이템을 게임 세계로 되돌려 보내는 게임도 있고 그냥 파괴해버리는 게임도 있다. 또 아이템을 주울 때 아이템 위를 지나가기만 해도 주울 수 있는 게임이 있고 키나 버튼으로 아이템을 선택해야만 주울 수 있는 게임도 있다.

아이템의 파괴와 사용

활을 사용하는 플레이어라면 당연히 화살을 많이 들고 다니기 마련이다. 활을 쏘면 화살의 개수가 줄어든다. 화살을 전부 쏘고 나면, 즉 플레이어가 화살을 전부 사용하고 나면 화살은 인벤토리에서 사라진다. 치료 아이템 역시 남아있는 수량에 따라 화살처럼 인벤토리에서 없애버릴 수 있다. 단 사용 횟수와 상관없이 치료 아이템이 인벤토리에 남아있게 구현했다면 그럴 필요가 없다.

필요 없는 아이템을 플레이어가 직접 파괴할 수 있는 게임도 있다. 또 무기나 방어구가 내구도를 지니는 게임도 있다. 내구도가 너무 낮아지면 아이템이 부서지면서 더 사용할 수 없는 상태로 바뀐다. 그 밖에, 정해진 사용 횟수보다 많이 사용한 아이템을 자동으로 파괴하는 게임도 있다.

인벤토리 표시

인벤토리 활용의 마지막 단계는 플레이어에게 보여주는 것이다. GUI에 아이템을 표시할 때는 아이콘, 이미지 또는 3D 모델을 사용한다. 아이콘은 원래 아이템 이미지를 줄여서 만들 수도 있고 아이템의 실루엣만으로 만들 수도 있다. 3D 모델을 사용해서 아이템을 표시하는 게임의 예로 '엘더 스크롤 V: 스카이림'을 들 수 있다. 스카이림의 플레이어는 인벤토리에 들어있는 아이템의 3D 모델을 보면서 아이템을 선택, 사용할 수 있다.

인벤토리 스크립트 생성

하나의 스크립트 파일을 사용해서 인벤토리를 만들어보려고 한다. 시작해보자.

스크립트 생성과 이름 변경

먼저 새로운 C# 스크립트를 만들고 이름을 Inventory로 변경한다. 스크립트를 열어서 Start, Update 함수를 삭제하고 클래스를 깨끗이 비워놓는다.

필요한 변수 추가

스크립트 파일의 맨 위로 가서 using문이 모여 있는 곳에 다음 using문을 추가한다. List 컨테이너 변수를 사용하려면 꼭 필요한 using문이다.

```
using System.Collections.Generic;
```

이제 클래스 선언 바로 아래에 필요한 변수를 추가한다.

```
bool showInventory = false;
public Rect inventoryRect = new Rect(Screen.width / 2, Screen.height / 2,
                                     400, 400);
public GameObject EmptyObject;
public int InventorySize = 9;
public GameObject[] invItems;
public GameObject[] QuickItems;

List<KeyValuePair<int, GameObject>> items =
                        new List<KeyValuePair<int, GameObject>>();

List<KeyValuePair<int, int>> itemCount =
                        new List<KeyValuePair<int, int>>();
```

showInventory는 인벤토리 GUI를 통해 사용자의 입력을 받고 싶을 때 사용할 변수다. 이 변수의 값에 따라 GUI를 표시하거나 감춘다. 다음 Rectangle 변수는 인벤토리 GUI의 크기, 표시할 위치를 나타낸다. 인벤토리 GUI의 기본 위치는 화면의 중앙으로 설정한다.

그다음 GameObject 변수인 EmptyObject는 나중에 인스펙터 창을 통해 빈 오브젝트로 설정할 예정이다. 인벤토리에 표시할 아이템이 없을 때 이 EmptyObject를 플레이스홀더로 사용하려 한다. 다음 변수인 InventorySize는 말 그대로 인벤토리의 크기를 나타낸다.

그 뒤로 인벤토리에 관한 아이템의 게임 오브젝트를 저장할 두 개의 GameObject 배열이 있다. 인벤토리에 들어있는 아이템의 게임 오브젝트는 InvItems에 저장하고 플레이어가 퀵 아이템으로 사용하려는 게임 오브젝트는 QuickItems에 저장하려 한다.

마지막으로 두 개의 리스트가 있다. 첫 번째 리스트에는 인벤토리에 들어있는 아이템의 게임 오브젝트를 KeyValuePair 형태로 만들어서 저장한다. 이때 키는 아이템의 ID고 값은 인벤토리에 들어있는 아이템의 게임 오브젝트다.

두 번째 리스트에는 키와 값이 모두 정수인 KeyValuePair를 저장한다. 이때 키는 itemCount와 올바른 인벤토리 아이템을 짝지어줄 ID다. 그리고 값은 인벤토리에 들어있는 해당 아이템의 개수다.

인벤토리 초기화

처음 인벤토리를 만들 때 사용할 함수를 만들어보자.

초기화 함수 생성

스크립트에 다음과 같은 초기화 함수를 추가한다.

```
void InitializeInventory()
{
  invItems = new GameObject[InventorySize];
  for(int i = 0; i < InventorySize; i++)
  {
    invItems[i] = EmptyObject;
    items.Add(new KeyValuePair<int, GameObject>(i, invItems[i]));
    itemCount.Add(new KeyValuePair<int, int>(i, 0));

    if(i < QuickItems.Length)
      QuickItems[i] = invItems[i];
  }
}
```

새로운 함수의 첫 줄에서는 invItems 배열을 InventorySize만큼 할당한다. 그리고 for 루프에서 인벤토리를 초기화한다. 먼저 인벤토리에 실제로 아이템을 추가할 때까지 플레이스홀더로 사용할 게임 오브젝트인 EmptyObject를 invItems 배열의 각 원소에 대입한다.

그런 다음 새로운 KeyValuePair를 아이템 리스트의 각 슬롯에 추가한다. for 루프의 반복자iterator를 새로운 KeyValuePair의 키로 삼는다. 그리고 invItems 배열에서 현재 반복자가 가리키는 게임 오브젝트를 새로운 KeyValuePair의 값으로 삼는다. 이렇게 하면 invItems 배열과 items 리스트에 들어있는 아이템의 순서가 같아진다.

이제 itemCount 리스트에 새로운 KeyValuePair를 추가한다. 마찬가지로 반복자를 키로 삼고 값은 0으로 설정한다. 이렇게 하면 실제로 아이템을 추가할 때까지 인벤토리의 모든 아이템을 확실히 비워놓을 수 있다.

for 루프의 마지막 두 줄은 기본 퀵 아이템을 만드는 코드다. if문을 써서 반복자가 QuickItems 배열의 크기보다 작은지 확인한다. 반복자가 작다면 invItems 배열에서 반복자가 가리키는 게임 오브젝트인 EmptyObject를 QuickItems 배열에 대입한다. 이 초기화 함수는 다음과 같이 Awake 함수 안에서 호출해야 한다.

```
void Awake()
{
  InitializeInventory();
}
```

지금까지 만든 인벤토리는 아직 비어있지만, 꼭 필요한 컨테이너를 모두 갖췄으며 기본값도 채워져 있다. 반복자를 사용해서 모든 키와 배열의 기본값을 설정했으므로 각 컨테이너의 모든 값이 일치한다. 인벤토리와 마찬가지로 빈 게임 오브젝트를 기본값으로 퀵 아이템도 만들었다.

아이템 추가

이제 인벤토리의 첫 상호작용 기능인 아이템 추가 기능을 만들려 한다. 아이템 추가는 인벤토리의 가장 중요한 기능일 수 있다. 아이템을 추가할 수 없는 인벤토리를 쓸데가 있을까?

기능 구상

코드를 작성하기 전에 잠시 인벤토리에 아이템을 추가할 방법을 구상해보자. 플레이어의 관점에서 아이템 추가란 상당히 간단한 일이다. 아이템을 직접 가방에 넣거나 정해진 오브젝트와 접촉하면 인벤토리에 아이템이 나타난다. 플레이어가 생각하는 방법과 실제로 아이템을 추가하는 방법은 크게 다르지 않다. 인벤토리에 빈 슬롯이 있는지 확인하고 새로운 습득물을 빈 슬롯으로 옮기면 끝이다. 이와 비슷한 과정을 따라 플레이어가 바닥에 있는 아이템을 주울 수 있는 인벤토리 시스템의 코드를 만들어보려 한다.

아이템 추가 함수 생성

다음 함수를 스크립트 파일의 InitializeInventory 함수 바로 아래에 추가한다.

```
void AddToInventory(int HowMany, GameObject NewItem)
{
  for(int i = 0; i < invItems.Length; i++)
  {
    if(invItems[i].name != "Empty")
    {
      if(invItems[i].name == NewItem.name)
      {
        int val = itemCount[i].Value + HowMany;
        itemCount[i] = new KeyValuePair<int, int>(itemCount[i].Key, val);
      }
      break;
    }
    else
    {
      int val = itemCount[i].Value + HowMany;
      invItems[i] = NewItem;
      items.Add(new KeyValuePair<int, GameObject>(i, NewItem));
      itemCount.Add(new KeyValuePair<int, int>(i, val));
      break;
    }
  }
}
```

먼저 int와 GameObject 형식의 변수 두 개를 인수로 받는다는 점을 알 수 있다. int 변수는 인벤토리에 추가할 새로운 아이템의 개수를 나타낸다. GameObject 변수는 인벤토리에 추가할 새로운 아이템을 나타낸다. 이제 인벤토리에 아이템을 추가하는 코드를 하나하나 살펴보자.

invItems 배열은 인벤토리의 모든 아이템이 들어있는 배열이므로 for 루프를 사용해서 invItems 배열의 각 원소를 살펴보려 한다. 먼저 invItems의 현재 원소가 빈 오브젝트가 아닌지 확인한다. 실제로 이름이 'Empty'인 오브젝트는 플레이스홀더 오브젝트인 EmptyObject뿐이다.

invItems의 현재 원소가 빈 오브젝트가 아니면 블록 안의 if문으로 들어가서 현재 아이템의 이름이 새로운 아이템의 이름과 같은지 확인한다. 이름이 같다면 val이라는 새로운 int 변수를 만든다. 그리고 현재 아이템의 개수와 추가할 아이템의 개수인 HowMany를 합한 값을 val에 대입한다. 그런 다음에 새로운 KeyValuePair를 만들어서 itemCount의 현재 원소에 대입한다. 이때 KeyValuePair의 키는 현재 itemCount의 ID고 값은 방금 구한 아이템의 수량인 val이다. 이제 for 루프를 더 반복할 필요가 없으므로 break를 통해 루프를 빠져나온다.

invItems의 현재 원소가 비어있다면 이 자리에 새로운 게임 오브젝트를 추가한다. 방금 전처럼 val 정수를 만들고 현재 itemCount의 값과 추가할 아이템의 개수를 더한 값을 대입한다. 그리고 invItems의 현재 원소에 함수의 인수로 받은 게임 오브젝트인 NewItem을 대입한다.

그런 다음, 키가 반복자고 값이 NewItem인 KeyValuePair를 만들어서 items 리스트에 새로운 아이템을 추가한다. 마지막으로 키가 반복자고 값이 val 변수인 KeyValuePair를 만들어서 itemCount 리스트에 새로운 아이템의 개수를 추가한다

이로써 인벤토리에 아이템을 추가할 수 있다. 또 추가할 개수도 마음대로 정할 수 있다. 아이템을 딱 하나만 추가하고 싶다면 HowMany를 1로 설정하고, 아이템 하나를 제거하고 싶다면 HowMany를 -1로 설정한다.

아이템 제거

이제 인벤토리의 두 번째로 중요한 기능인 아이템 제거 기능을 추가하려 한다. 플레이어가 체력 물약을 사용하거나, 아이템을 팔거나, 화살을 쏘거나, 동전을 떨어뜨릴 때 사용할 수 있는 기능이다.

기능 구상

아이템을 추가할 때처럼 잠시 인벤토리에서 아이템을 제거할 방법을 구상해보자. 다시 한 번 플레이어의 관점으로 돌아가서 아이템이 없어질 때를 생각해보면 다음과 같다. 팔고 싶은 아이템을 선택해서 팔 때, 총이나 활을 쏴서 총알이나 화살이 줄어들 때, 또 플레이어가 불시에 살해당해서 들고 있던 아이템이 땅에 떨어지거나 공격자가 플레이어의 시체를 클릭해서 아이템을 가져갈 때 등이 있다. 플레이어는 아이템을 파는 과정을 통해 인벤토리에서 제거할 아이템을 선택한다. 총을 쏘는 동작도 마찬가지로 인벤토리에서 총알을 제거하고 싶다는 선택 과정의 일종으로 볼 수 있다. 인벤토리에서 아이템을 제거할 때 이와 비슷한 과정을 따르려 한다.

아이템 제거 함수

다음 함수를 `AddToInventory` 함수 아래에 추가한다.

```
void RemoveFromInventory(int HowMany, GameObject Item)
{
  for(int i = 0; i < items.Capacity; i++)
  {
    if(invItems[i].name != "Empty")
      {
        if(invItems[i].name == Item.name)
        {
          int val = itemCount[i].Value - HowMany;
          itemCount[i] =
                  new KeyValuePair<int, int>(itemCount[i].Key, val);
          if(itemCount[i].Value <= 0)
          {
```

```
            invItems[i] = EmptyObject;
            items[i] = new KeyValuePair<int, GameObject>(i, EmptyObject);
            itemCount[i] = new KeyValuePair<int, int>(itemCount[i].Key, 0);
        }
        break;
    }
  }
}
```

인벤토리에 아이템을 추가하는 함수와 마찬가지로 이 함수도 int와 GameObject 형식의 변수 두 개를 인수로 받는다. int 값은 인벤토리에서 제거하고 싶은 아이템의 개수를 나타내고 GameObject는 실제로 인벤토리에서 제거할 아이템을 나타낸다. 이제 루프를 돌면서 인벤토리의 모든 아이템이 들어있는 배열을 살펴볼 차례다.

먼저 invItems의 현재 원소의 이름이 'Empty'인지 확인한다. 아니라면 invItems의 현재 원소의 이름이 인벤토리에서 제거하려는 아이템의 이름과 같은지 확인한다. 아이템을 추가할 때와 비슷하게 줄여야 할 아이템의 개수에 해당하는 int 변수를 새로 만든다. 새로 만든 val 변수에 현재 itemCount 값에서 함수가 받은 HowMany를 뺀 값을 대입한다. 그런 다음에 키는 그대로고 값이 val인 KeyValuePair를 만들어서 현재 itemCount에 대입한다.

이제 아이템을 추가할 때와 약간 다른 처리를 해야 한다. 현재 itemCount가 0 이하인지 확인하고, 그렇다면 해당 아이템을 인벤토리에서 없애야 한다.

아이템 삭제의 첫 단계로 invItems의 현재 원소에 플레이스홀더인 EmptyObject를 대입한다. 그런 다음에 키가 반복자고 값이 EmptyObject인 KeyValuePair를 만들어서 현재 아이템에 대입한다. 마지막으로 키는 그대로고 값이 0인 KeyValuePair를 만들어서 현재 itemCount에 대입한다.

여기까지 마치고 나면 break를 통해 루프를 빠져나온다. invItems의 현재 원소의 이름이 'Empty'인지 확인했던 if문을 기억하는가? 이때 이름이 'Empty'면 그냥 루프를 빠져나온다. 빈 아이템을 굳이 삭제할 필요가 없기 때문이다.

이제 인벤토리에서 아이템을 제거하는 기능을 갖췄다. 플레이어가 아이템을 팔거나,

화살을 쏘거나, 물약을 사용하거나, 기타 비슷한 상황이 벌어질 때 인벤토리에서 해당 아이템을 제거할 수 있다. 쉽지 않아 보일 수 있지만 해결할 방법은 얼마든지 있다. 또 제일 처음 만든 InitializeInventory 함수를 사용해서 인벤토리를 리셋할 수도 있다. 아이템을 제거하는 함수와 근본적으로 동작 방식이 같기 때문이다.

퀵 아이템 설정

많은 게임이 퀵 아이템이라는 조작 방식을 지원한다. 퀵 아이템은 플레이어가 자주 쓰는 아이템, 그리고 인벤토리를 여느라 게임이 중단되지 않고 바로 사용하길 원하는 아이템을 말한다. 퀵 아이템은 대개 키보드의 숫자 키나 컨트롤러의 방향 패드를 통해 즉시 사용할 수 있다. 이제 인벤토리에 퀵 아이템을 지정할 수 있는 함수를 추가하려 한다.

간단한 퀵 아이템 설정

스크립트의 RemoveFromInventory 함수 아래에 다음 함수를 추가한다.

```
void SetQuickItem(GameObject NewItem, int QuickInput)
{
  if(QuickItems[QuickInput].name != NewItem.name)
      if(QuickInput < QuickItems.Length)
        QuickItems[QuickInput] = NewItem;
}
```

이 함수는 퀵 아이템으로 사용하려는 게임 오브젝트인 NewItem과 퀵 아이템을 할당하려는 슬롯번호인 QuickInput, 두 개의 변수를 인수로 받는다. 그리고 QuickItems 배열에서 QuickInput이 가리키는 원소인 게임 오브젝트의 이름이 NewItem의 이름과 같은지 확인한다. 같다면 그냥 넘어간다. 해당 아이템이 이미 퀵 아이템 슬롯에 들어있다는 뜻이기 때문이다. 같지 않다면 QuickItems 배열의 원소 중에 QuickInput이 가리키는 원소에 인수로 받은 게임 오브젝트를 대입한다.

인벤토리 표시

이제 인벤토리의 중요한 기능 가운데 하나인 플레이어에게 보여주는 기능으로 넘어가자. GUILayout과 GUI 창을 사용해서 인벤토리를 표시하려 한다.

인벤토리 전용 입력

먼저 플레이어가 인벤토리를 보고 싶을 때 사용할 입력을 설정해야 한다. 다음과 같이 인벤토리를 표시하는 코드가 들어있는 Update 함수를 스크립트에 추가한다.

```
void Update()
{
  if(Input.GetButtonUp("I_Key") || Input.GetButtonUp("A_360"))
  {
    showInventory = (showInventory) ? false : true;
  }
}
```

Update 함수에서는 사용자가 'I_Key'나 'A_360'을 입력했는지 확인한다. 둘 중 하나를 입력했다면 showInventory 불리언 값을 반대로 바꿔준다. showInventory가 참이면 인벤토리 GUI가 화면에 나타나고 거짓이면 사라진다.

GUI 표시

스크립트의 Update 함수 아래에 다음과 같은 OnGUI 함수를 추가한다.

```
void OnGUI()
{
  if(showInventory)
  {
    inventoryRect =
          GUI.Window(0, inventoryRect, InventoryGUI, "Inventory");
  }
}
```

showInventory 불리언 값이 참이면 인벤토리 GUI를 표시한다. 먼저 사각형 영역인 inventoryRect 변수에 GUI 창을 대입한다. 이 GUI 창은 'Inventory'라는 제목과 함께 인벤토리 창을 표시한다.

GUI 구현

이제 GUI 창의 내용을 표시할 함수가 필요하다. 스크립트의 OnGUI 함수 아래에 다음 함수를 추가한다.

```
void InventoryGUI(int ID)
{
  GUILayout.BeginArea(new Rect(0, 50, 400, 350));

  GUILayout.BeginHorizontal();
  GUILayout.Button(itemCount[0].Value.ToString() + " " +
                        invItems[0].name, GUILayout.Height(75));
  GUILayout.Button(itemCount[1].Value.ToString() + " " +
                        invItems[1].name, GUILayout.Height(75));
  GUILayout.Button(itemCount[2].Value.ToString() + " " +
                        invItems[2].name, GUILayout.Height(75));
  GUILayout.EndHorizontal();

  GUILayout.BeginHorizontal();
  GUILayout.Button(itemCount[3].Value.ToString() + " " +
                        invItems[3].name, GUILayout.Height(75));
  GUILayout.Button(itemCount[4].Value.ToString() + " " +
                        invItems[4].name, GUILayout.Height(75));
  GUILayout.Button(itemCount[5].Value.ToString() + " " +
                        invItems[5].name, GUILayout.Height(75));
  GUILayout.EndHorizontal();

  GUILayout.BeginHorizontal();
  GUILayout.Button(itemCount[6].Value.ToString() + " " +
                        invItems[6].name, GUILayout.Height(75));
  GUILayout.Button(itemCount[7].Value.ToString() + " " +
                        invItems[7].name, GUILayout.Height(75));
```

```
GUILayout.Button(itemCount[8].Value.ToString() + " " +
                 invItems[8].name, GUILayout.Height(75));
GUILayout.EndHorizontal();

GUILayout.BeginHorizontal();
GUILayout.Button(QuickItems[0].name, GUILayout.Height(50));
GUILayout.Button(QuickItems[1].name, GUILayout.Height(50));
GUILayout.EndHorizontal();

GUILayout.BeginHorizontal();
GUILayout.Button(QuickItems[2].name, GUILayout.Height(50));
GUILayout.Button(QuickItems[3].name, GUILayout.Height(50));
GUILayout.EndHorizontal();
GUILayout.EndArea();
}
```

먼저 GUILayout의 BeginArea를 사용한다. 작업할 영역을 확보하는 데 유용한 방법이다. 다음으로 GUILayout의 BeginHorizontal 함수를 실행해서 모든 GUI가 같은 가로 선상에 놓이게 한다. 그런 다음, 인벤토리의 각 슬롯에 해당하는 버튼을 만든다. 인벤토리에 들어있는 아이템의 개수와 아이템의 이름을 합쳐서 버튼의 텍스트로 설정한 뒤에 버튼의 높이를 설정한다.

비슷한 작업을 몇 번 반복해서 인벤토리의 모든 아이템을 세 줄로 화면에 표시한다. 그런 다음에 QuickItems도 똑같은 방식으로 표시한다. 다만 두 개씩 두 줄로 표시한다는 차이가 있다. 이제 플레이어는 인벤토리 전용 입력을 통해 인벤토리를 볼 수 있다.

플레이 테스트

이제 인벤토리의 기능을 모두 만들었고 인벤토리를 GUI에 표시할 수 있다. 테스트 신을 만들어서 인벤토리를 테스트해보자.

테스트 신 생성

먼저 새로운 신을 만들고 이름을 'Chapter 4'로 변경한다. 그런 다음, 두 개의 빈 GameObject를 만들고 각각 이름을 'Inventory', 'Empty'로 변경한다. Empty를 Inventory로 드래그해서 부모 자식 관계로 만든다. 다음 그림은 여기까지 수행한 계층^{Hierarchy} 창의 모습이다.

이제 인벤토리 스크립트를 Inventory 게임 오브젝트로 드래그한다. Inventory Rect의 X를 300으로, Y를 200으로 설정한다. 그런 다음에 Inv Items의 Size를 9로, Quick Items의 Size를 4로 설정한다. 그리고 Empty 오브젝트를 인스펙터 창의 Empty Object 항목 오른쪽에 있는 빈칸으로 드래그한다. 여기까지 수행하고 나면 Inventory의 인스펙터 창이 다음 그림처럼 바뀐다.

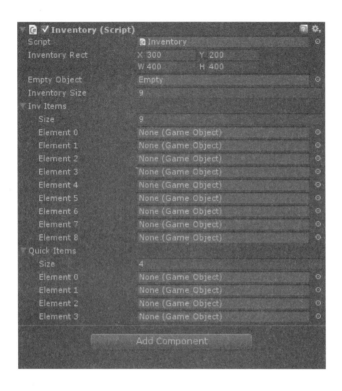

이제 테스트할 신의 준비가 끝났다. 신을 실행하고 I 키를 누르면 다음 그림과 같은 인벤토리 GUI가 화면에 나타나야 한다.

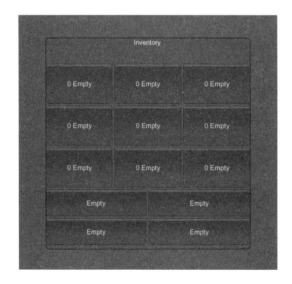

또 인스펙터 창이 다음 그림처럼 바뀌어야 한다.[2]

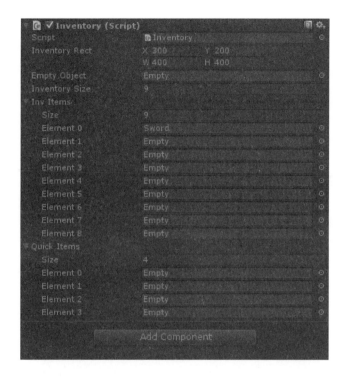

여기까지 별 문제가 없다면 이제 아이템을 추가, 제거할 수 있는지 간단하게 확인해
볼 차례다.

아이템 추가 테스트

인벤토리에 아이템을 추가하는 기능을 테스트하려면 Update 함수에 다음 코드를 추
가한다.

```
if(Input.GetButtonUp("Fire1"))
{
  GameObject test = new GameObject();
  test.name = "Sword";
```

---

2 Element 0의 Sword는 조금 뒤에 아이템을 추가하는 테스트를 통해 바뀔 내용이므로 지금은 신경 쓸 필요가 없다. 일단 다
   른 Element처럼 Empty라고 나오면 정상이다. – 옮긴이

```
    AddToInventory(4, test);
}
```

마우스 왼쪽 버튼을 클릭하면 `test`라는 게임 오브젝트를 새로 만들고 이름을 `'Sword'`로 설정한다. 그런 다음에 `AddToInventory` 함수를 호출하면서 4와 `test`를 인수로 전달한다. 4는 추가하려는 아이템의 개수고 `test`는 추가하려는 게임 오브젝트다. 이제 신을 실행하고 I 키를 누른다. GUI가 나타난 뒤에 마우스 왼쪽 버튼을 몇 번 누르면 화면이 다음 그림과 같이 바뀐다.

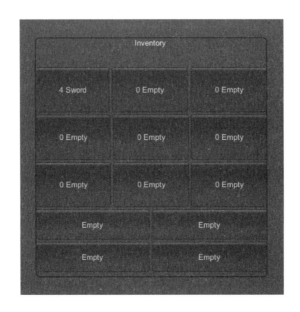

보다시피 인벤토리에 새로 추가한 아이템의 개수, 이름이 나타난다. 몇 번 테스트하다 계층 창을 보면 `Sword`란 오브젝트가 엄청나게 늘어나 있을 것이다. 테스트 코드라 별 대책 없이 계속 새로운 게임 오브젝트를 만들었기 때문이다.

아이템 제거 테스트

아이템을 추가하는 기능에 이어서 이제 아이템을 제거하는 기능을 살펴볼 차례다. `Update` 함수에 다음 코드를 추가한다.

```
if(Input.GetButtonUp("Fire2"))
```

```
{
  GameObject test2 = new GameObject();
  test2.name = "Sword";

  RemoveFromInventory(2, test2);
}
```

마우스 오른쪽 버튼을 클릭하면 test2라는 게임 오브젝트를 새로 만든다. test2의 이름도 'Sword'로 설정한다. 그런 다음에 RemoveFromInventory 함수를 호출하면서 2와 test2를 인수로 전달한다. 이제 게임을 실행하고 마우스 오른쪽 버튼을 클릭하면 인벤토리에서 Sword라는 아이템이 두 개씩 없어진다. 'Sword'의 개수가 0개 이하로 떨어지면 인벤토리 슬롯이 Empty로 바뀐다.

제대로 동작하는지 확인하려면 먼저 신을 실행하고 마우스 왼쪽 버튼을 몇 번 눌러서 인벤토리에 Sword 아이템을 추가한다. 그런 다음, 마우스 오른쪽 버튼을 몇 번 눌러서 Sword를 몇 개 제거한다. Sword를 전부 제거해서 슬롯이 빌 때까지, 계속 제거할 수 있다.

기타 테스트 방법

인벤토리를 좀 더 다양하게 테스트해볼 방법을 소개하면 다음과 같다.

- 인벤토리의 크기를 더 크게 또는 더 작게 만들어본다.
- 인벤토리에서 한 번에 여러 아이템을 제거해본다.
- 인벤토리의 빈 슬롯이 GUI에 안 나타나게 해본다.
- 무게에 따라 또는 알파벳 순서로 인벤토리를 정리하는 버튼을 추가한다.
- 플레이어가 인벤토리 GUI 창을 움직일 수 있게 만들어본다.
- 인벤토리를 비우는 리셋 버튼을 추가한다.

요약

4장을 통해 인벤토리 시스템을 만드는 방법을 배웠다. 물론 다른 방법으로도 만들 수 있지만 4장에서 소개한 방법이면 충분히 모든 게임에 인벤토리를 추가할 수 있다. 4장에서 만든 인벤토리는 아이템을 추가하거나 제거할 수 있고, 같은 아이템을 여러 개 담을 수 있고, 퀵 아이템을 설정할 수 있고, GUI를 통해 화면에 표시할 수 있다.

5장에선 AI라는 이름으로 더 친숙한 인공지능을 만들어보려 한다. AI의 다양한 효과를 이끌어낼 간단한 행동 체계를 만들어 볼 예정이며, 먼저 AI를 실행하는 게임 오브젝트 자신에게 영향을 주는 내부 효과를 만들어본다. 그런 다음에, 다른 게임 오브젝트를 공격하거나 게임 세계를 순찰하는 등 AI를 통해 다른 게임 오브젝트에 영향을 주는 외부 효과를 만들어본다. 마지막으로 AI 관리자를 만들고 캐릭터 애니메이션을 재생하는 방법을 살펴본다.

5

인공지능

AI^{Artificial Intelligence}라고도 하는 인공지능은 모든 비디오 게임에서 찾아볼 수 있다. FPS, 시뮬레이션, RPG, 스포츠, 퍼즐, 실시간 전략 게임 등 모든 게임이 크고 작은 형태의 다양한 AI를 지니고 있다. 5장을 통해 AI 생성, AI 관련 기법, 효과, 길 찾기, 애니메이션, AI 관리자 등을 살펴보려 한다. 그런 다음, 마지막으로 모든 내용을 종합해서 AI 패키지를 만들어볼 생각이다.

5장에서 배울 내용은 다음과 같다.

* 유한 상태 머신

* 행동 트리

* 두 종류의 AI 기법을 합쳐서 복합적인 AI를 만드는 방법

* 내부 효과와 외부 효과의 처리 방법

* AI에 영향을 주는 외부 효과의 처리 방법

* 캐릭터 애니메이션 재생 방법

* 길 찾기란?

* 경유지를 사용하는 방법

* 유니티의 NavMesh 길 찾기 시스템 사용법

* 경유지와 NavMesh를 합쳐서 완벽한 길 찾기를 수행하는 방법

AI 기법

AI를 만들 때 널리 쓰이는 기법으로 유한 상태 머신과 행동 트리를 들 수 있다. 만들려는 게임에 따라 그리고 게임에 필요한 AI의 복잡성에 따라 사용할 기법이 달라진다. 5장에서 만들 AI 스크립트는 두 기법을 모두 활용해서 AI의 잠재력을 최대한 이끌어내려 한다.

유한 상태 머신

유한 상태 머신FSM, finite state machine은 컴퓨터 프로그래밍의 모든 분야에서 쓰이는 가장 흔한 AI 시스템의 하나다. 유한 상태 머신은 말 그대로 지닐 수 있는 상태의 수가 제한적인 오브젝트를 제어하는 시스템이다. 실생활에서 볼 수 있는 유한 상태 머신의 예로는 신호등, TV, 컴퓨터를 들 수 있다. 알기 쉽게 컴퓨터의 유한 상태 머신을 예로 들어보자.

컴퓨터는 다양한 상태에 놓일 수 있다. 간단하게 켜짐, 꺼짐, 사용 중이라는 세 가지 상태를 지닌다고 하자. 꺼짐 상태는 컴퓨터에 전원이 들어오지 않았을 때고, 켜짐 상태는 전원이 들어와 있을 때다. 그리고 사용 중 상태는 누군가 컴퓨터를 사용 중일 때다. 컴퓨터의 유한 상태 머신을 좀 더 자세히 살펴보고 각 상태와 기능을 분석해보자.

상태	기능
켜짐	• 누군가 사용할 수 있다. • 컴퓨터를 끌 수 있다.
꺼짐	• 컴퓨터를 켤 수 있다. • 컴퓨터의 부품을 교체할 수 있다.
사용 중	• 인터넷과 다양한 프로그램을 사용할 수 있다. • 다른 기기와 통신할 수 있다. • 컴퓨터를 끌 수 있다.

각 상태는 독자적인 기능을 지닌다. 각 상태의 기능 중에는 다른 상태에 영향을 미치는 기능도 있고 그렇지 않은 기능도 있다. 컴퓨터의 파워 버튼을 누르면 컴퓨터가 켜지면서 컴퓨터의 상태가 켜짐으로 바뀐다. 컴퓨터가 켜짐 상태일 땐 인터넷과 기타 프로그램을 사용하거나 라우터나 프린터 같은 다른 기기와 통신할 수 있다. 실제로

그렇게 사용한다면 컴퓨터의 상태는 사용 중으로 바뀐다. 컴퓨터를 사용하다가 소프트웨어를 통해서나 파워 버튼을 눌러서 컴퓨터를 끄면 꺼짐 상태로 바뀐다.

유한 상태 머신을 사용하면 단순한 로직을 지니는 비디오 게임의 AI를 만들 수 있다. 또 유한 상태 머신과 다른 AI 시스템을 합쳐서 독특하고 더욱 복잡한 AI 시스템을 만들 수도 있다. 5장에서는 유한 상태 머신과 행동 트리^{behavior tree}를 함께 사용하려 한다.

행동 트리 형태의 AI 시스템

행동 트리는 유한 상태 머신과 매우 비슷한 방식으로 동작하는 또 다른 종류의 AI 시스템이다. 사실 행동 트리는 계층 구조 내에서 각각의 역할을 수행하는 유한 상태 머신으로 이뤄진다. 계층 구조를 이루므로 각 부분을 완벽하게 제어할 수 있으며 행동 트리에 많은 수의 유한 상태 머신을 넣어서 복잡한 AI 시스템을 만들 수도 있다.

유한 상태 머신을 설명하면서 사용한 표를 다시 살펴보자. 행동 트리도 이 표와 똑같은 방식으로 동작한다. 다만 상태가 아닌 행동을 지니며 상태의 기능 자리를 다양한 유한 상태 머신이 대신한다. 이때 각 유한 상태 머신은 AI가 정해진 행동을 수행하는 동안 완료해야 할 목표를 나타낸다. 5장에서 AI를 만드는 데 사용할 행동 트리를 자세히 살펴보자.

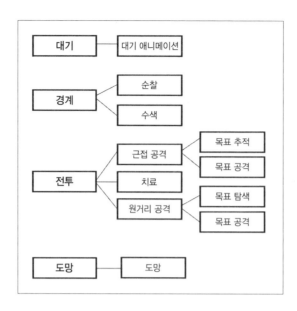

왼쪽은 대기, 경계, 전투, 도망이라는 네 개의 행동을 나타내며 오른쪽은 각 행동을
구성하는 유한 상태 머신이다. 대기와 도망은 유한 상태 머신이 하나뿐이지만 경계와
전투는 여러 개의 유한 상태 머신을 지닌다. 전투 행동에 속하는 근접 공격, 원거리
공격을 나타내는 두 개의 유한 상태 머신은 각각 두 개의 유한 상태 머신을 지닌다.

보다시피 이렇게 유한 상태 머신으로 이뤄지는 계층 구조 덕분에 기본적인 형태의 로
직을 사용해서 더욱 복잡한 AI 시스템을 만들 수 있다. 또 AI를 다양한 행동으로 나누
면 더욱 확실하게 제어할 수 있다. 각 행동은 다른 행동을 염두에 두지 않고 자신의
코드를 실행한다. 다른 행동을 염두에 둬야 할 때는 AI의 행동이 강제로 바뀔 수밖에
없는 내부 효과나 외부 효과가 일어날 때뿐이다.

AI 기법의 결합

5장에서는 두 AI 기법을 합쳐서 근사한 AI 패키지를 만들어보려 한다. 앞으로 만들 행
동 트리는 유한 상태 머신을 활용해서 독자적인 행동을 수행하는 독특하고 복합적인
AI 시스템이다. 이 AI 패키지는 우호적인 AI뿐만 아니라 적대적인 AI로도 사용할 수
있다.

스크립트 작성

이제 AI의 스크립트를 작성해보자. 먼저 새로운 C# 스크립트 파일을 만들고 이름을 AI_Agent로 변경한다. 파일을 열고 클래스 내의 모든 함수를 지워서 깨끗이 비워둔다. 그리고 스크립트의 using문 바로 뒤에 다음 열거형 형식을 추가한다.

```
public enum Behaviors {Idle, Guard, Combat, Flee};
```

스크립트 전체에서 사용할 이 열거형은 AI가 수행 중인 행동을 나타낸다. 이제 클래스 안쪽에 다음과 같이 첫 번째 변수를 선언한다.

```
public Behaviors aiBehaviors = Behaviors.Idle;
```

aiBehaviors 변수는 AI가 수행하는 행동을 나타내며 필요할 때 값을 확인하거나 변경할 목적으로 사용하는 변수다. 이 변수의 목적 중 하나를 활용하는 첫 번째 함수를 만들어보자.

```
void RunBehaviors()
{
  switch(aiBehaviors)
  {
  case Behaviors.Idle:
    RunIdleNode();
    break;
  case Behaviors.Guard:
    RunGuardNode();
    break;
  case Behaviors.Combat:
    RunCombatNode();
    break;
  case Behaviors.Flee:
    RunFleeNode();
    break;
  }
}
```

이 함수는 switch문을 사용해서 aiBehaviors 변수의 값을 확인하는 역할을 한다. 그리고 값에 따라 각 행동에 해당하는 함수를 호출한다. 이 함수는 사실 유한 상태 머신이며 함수를 호출한 시점에서 해당 행동이 해야 할 일을 결정하는 역할을 한다. 이제 스크립트에 다음과 같이 AI의 행동을 변경할 수 있는 함수를 추가한다.

```
void ChangeBehavior(Behaviors newBehavior)
{
  aiBehaviors = newBehavior;

  RunBehaviors();
}
```

이 함수를 호출하면 전달받은 새로운 행동을 aiBehaviors에 대입한다. 이렇게 AI의 행동을 변경한 뒤에 RunBehaviors를 호출한다. 이제 마지막으로 각 행동을 구현할 차례다. 일단 플레이스홀더 역할을 할 빈 함수만 만들어놓고 외부 효과와 내부 효과는 나중에 추가할 생각이다. 스크립트에 다음 함수를 추가한다.

```
void RunIdleNode()
{

}

void RunGuardNode()
{

}

void RunCombatNode()
{

}

void RunFleeNode()
{

}
```

각 함수는 행동에 해당하는 유한 상태 머신을 실행한다. 이런 함수는 기본적으로 행동과 행동의 효과를 중개하는 역할을 한다. 또 이런 함수를 사용하면 행동 하나하나를 더욱 확실하게 제어할 수 있다. 단순한 유한 상태 머신만으론 불가능한 일이다.

내부 효과와 외부 효과

유한 상태 머신의 효과는 외부 효과$^{external\ actions}$와 내부 효과$^{internal\ actions}$로 나눌 수 있다. 효과를 두 종류로 나누면 주어진 상황에서 AI의 역할을 더욱 쉽게 정의할 수 있다. 또 AI를 만들 방법을 계획하는 단계뿐만 아니라 스크립트를 작성할 때도 유용하다. 다른 클래스나 게임 오브젝트가 호출할 함수와 호출할 일이 없는 함수를 파악할 수 있기 때문이다. 그 밖에 여러 프로그래머가 하나의 AI를 두고 공동으로 작업하기도 편하다. 각 프로그래머가 큰 갈등 없이 자신이 맡은 부분만 작업할 수 있기 때문이다.

외부 효과

외부 효과란 AI 오브젝트 외의 오브젝트가 AI 오브젝트에 영향을 줄 때 작용하는 기능과 활동을 말한다. 다른 플레이어의 습격, 플레이어를 대상으로 한 주문 시전, 높은 곳에서의 추락, 외부 상황에 의한 패배, 다른 외부 오브젝트와의 교류 등이 모두 외부 효과라 할 수 있다.

5장에서 AI에 사용할 외부 효과는 다음과 같다.

- 체력 변경
- 능력치 증가
- 능력치 감소
- AI 오브젝트의 사망

내부 효과

내부 효과란 AI 오브젝트가 스스로 수행할 기능과 활동을 말한다. 지정한 경로 순찰, 플레이어 공격, 플레이어로부터 도망, 아이템 사용 등이 내부 효과에 속한다. 모두 상황에 따라 AI가 선택할 행동에 해당한다.

5장의 AI가 사용할 내부 효과는 다음과 같다.

- 지정한 경로를 따라 순찰
- 플레이어 공격
- 플레이어로부터 도망
- 플레이어 수색

효과 스크립트 작성

스크립트에 내부 효과와 외부 효과를 추가할 차례다. 먼저 스크립트의 맨 위로 가서 다른 using문 아래에 다음 using문을 추가한다.

```
using System.Collections.Generic;
```

그런 다음, 클래스 안쪽에 효과를 사용할 때 필요한 변수를 추가한다.

```
public bool isSuspicious = false;
public bool isInRange = false;
public bool FightsRanged = false;
public List<KeyValuePair<string, int>> Stats = new
List<KeyValuePair<string, int>>();
public GameObject Projectile;
```

앞쪽 세 개의 변수는 유한 상태 머신 내에서 호출해야 할 함수를 결정하는 조건으로 쓰인다. 그다음 KeyValuePair 배열에는 AI 게임 오브젝트의 능력치를 저장한다. 마지막 GameObject 변수는 원거리 공격을 할 때 발사 무기로 사용할 게임 오브젝트다.

앞서 만들었던 빈 중개 함수가 기억나는가? 방금 추가한 변수를 사용해서 각 함수에 약간의 코드를 추가하려 한다. 빈 함수를 다음과 같이 채운다.

```
void RunIdleNode()
{
  Idle();
}

void RunGuardNode()
{
  Guard();
}

void RunCombatNode()
{
  Combat();
}

void RunFleeNode()
{
  Flee();
}
```

그런 다음에 남은 효과를 추가한다. 여기서 효과는 중개 함수가 호출할 함수에 해당한다. 플레이스홀더인 채로 비어있는 함수는 나중에 채울 예정이다.

```
void Idle()
{
}

void Guard()
{
  if(isSuspicious)
  {
    SearchForTarget();
  }
  else
  {
    Patrol();
  }
```

```csharp
    }

    void Combat()
    {
      if(isInRange)
      {
        if(FightsRanged)
        {
          RangedAttack();
        }
        else
        {
          MeleeAttack();
        }
      }
      else
      {
        SearchForTarget();
      }
    }

    void Flee()
    {
    }

    void SearchForTarget()
    {
    }

    void Patrol()
    {
    }

    void RangedAttack()
    {
      GameObject newProjectile;
      newProjectile = Instantiate(Projectile, transform.position,
```

```
        Quaternion.identity) as GameObject;
}

void MeleeAttack()
{
}
```

Guard 함수에선 AI 오브젝트가 플레이어를 감지했는지 확인한다. 감지했다면 플레이어를 찾는다. 감지하지 못했다면 정해진 경로를 따라 순찰을 계속한다. Combat 함수에서는 먼저 플레이어가 공격 범위 안에 있는지 확인한다. 아니면 다시 플레이어를 찾는다. 플레이어가 공격 범위 안에 있다면 AI 오브젝트가 원거리 공격을 해야 할지 근접 전투를 해야 할지 확인한다.

원거리 공격을 하려면 먼저 임시로 사용할 게임 오브젝트를 만들어야 한다. 그런 다음에 발사 무기를 나타내는 게임 오브젝트인 Projectile의 인스턴스를 복제해서 새로 만든 게임 오브젝트에 대입한다. 여기까지 해놓으면 발사 무기는 자신의 스크립트를 실행해서 주어진 임무를 수행한다. AI 오브젝트는 이런 식으로 멀리 있는 플레이어를 공격할 수 있다.

효과를 마무리하려면 함수를 두 개 더 추가해야 한다. 첫 번째는 다음과 같이 AI 오브젝트의 체력을 변경하는 함수다.

```
void ChangeHealth(int Amount)
{
  if(Amount < 0)
  {
    if(!isSuspicious)
    {
      isSuspicious = true;
      ChangeBehavior(Behaviors.Guard);
    }
  }
  for(int i = 0; i < Stats.Capacity; i++)
  {
    if(Stats[i].Key == "Health")
    {
```

```
        int tempValue = Stats[i].Value;
        Stats[i] = new KeyValuePair<string, int>(Stats[i].Key,
                                            tempValue += Amount);
        if(Stats[i].Value <= 0)
        {
          Destroy(gameObject);
        }
        else if(Stats[i].Value < 25)
        {
          isSuspicious = false;
          ChangeBehavior(Behaviors.Flee);
        }
        break;
      }
    }
  }
```

이 함수는 AI 오브젝트의 체력을 변경할 양을 나타내는 정수 변수를 인수로 받는다.
일단 변경할 양이 음수인지 확인한다. 음수라면 AI 오브젝트가 공격을 받았다는 뜻이
므로 의심스러움을 나타내는 isSuspicious 변수를 true로 바꾸고 행동을 경계^{Guard}
로 변경한다. 그리고 능력치 리스트에서 체력을 찾은 뒤에 Amount 변수를 반영해서
새로운 체력 값을 구한다. 그런 다음, 새로운 체력 값이 0 이하인지 확인해서 0 이하
면 사망으로 간주하고 게임 오브젝트를 제거한다. 체력이 0 이상이면 다시 25 미만인
지 확인한다. 체력이 25 미만이면 AI 오브젝트를 플레이어에게서 도망치게 한다.

효과를 마무리할 마지막 함수를 추가한다. 이 함수를 사용하면 AI 오브젝트의 능력치
를 더하거나 뺄 수 있다. 변경한 능력치를 영구적으로 적용해야 할 때도 있고 언제든
복구할 수 있어야 할 때도 있다. 다음 코드는 능력치를 영구히 변경한다.

```
void ModifyStat(string Stat, int Amount)
{
  for(int i = 0; i < Stats.Capacity; i++)
  {
    if(Stats[i].Key == Stat)
    {
      int tempValue = Stats[i].Value;
```

```
        Stats[i] = new KeyValuePair<string, int>(Stats[i].Key,
                                               tempValue += Amount);
        break;
      }
    }
  if(Amount < 0)
  {
    if(!isSuspicious)
    {
      isSuspicious = true;
      ChangeBehavior(Behaviors.Guard);
    }
  }
}
```

이 함수는 문자열과 정수를 인수로 받는다. 문자열은 변경할 능력치를 찾는 데 쓰이며 정수는 변경할 양을 나타낸다. ChangeHealth 함수의 동작 방식과 매우 비슷하지만 먼저 능력치를 찾아야 한다는 차이가 있다. 이 함수도 변경할 양이 음수인지 확인한다. 음수면 AI의 행동을 경계로 바꾼다. 공격을 당해서 능력치가 깎인 AI 오브젝트가 취해야 할 적절한 대응이라 할 수 있다.

길 찾기

길 찾기[pathfinding]는 말 그대로 레벨[1]상에서 AI 오브젝트를 절묘하게 움직일 경로를 찾는 방법이다. 앞으로 만들 AI 패키지에서는 경유지와 NavMesh, 두 종류의 길 찾기를 사용하려 한다. 경유지 시스템은 AI의 이동 경로를 만드는 일반적인 방법이다. 또 AI 오브젝트가 지능적으로 레벨을 돌아다닐 수 있게 유니티의 NavMesh를 사용할 예정이다.

---

1 레벨(level): 게임의 배경이나 환경을 의미한다. 캐릭터의 등급을 나타내는 레벨과는 용어 표기는 같아도 뜻이 완전히 다르다. 5장에서 이야기하는 레벨은 전자를 의미한다. – 옮긴이

경유지를 사용해서 경로 생성

경유지[waypoint]를 사용해서 경로를 만드는 방법은 흔하고도 간단한 방법이다. 간단히 말하면 게임 세계에 놓인 오브젝트 또는 정해진 위치를 경유지로 사용하는 방법이다. 코드로 구현할 때는 먼저 리스트나 배열 같은 컨테이너에 거쳐야 할 경유지를 모두 저장한다. 그런 다음, 첫 번째 경유지를 시작으로 AI 오브젝트에게 다음 경유지로 가라고 지시한다. 다음 경유지에 도착하면 AI 오브젝트에게 그다음 경유지를 알려주는 식으로 결국 모든 경유지를 거치게 해서 AI 오브젝트가 설정한 경로를 따라 게임 세계를 이동할 수 있는 시스템을 만든다. 경유지 시스템의 문제점은 AI 오브젝트의 이동 경로는 만들 수 있지만, 경로의 중간에 장애물이 놓여 있으면 피할 방법이 없다는 것이다. AI 오브젝트가 장애물에 막히지 않고 이동하게 하려면 결국 일종의 메시 내비게이션 시스템[mesh navigation system]을 구현해야 한다.

유니티의 NavMesh 시스템

길 찾기 AI를 만드는 다음 단계로 AI 오브젝트가 지능적으로, 즉 막힘 없이 게임 세계를 이동할 방법을 만든다. 3D 게임이라면 AI 오브젝트가 돌아다닐 게임 세계에 무수한 장애물이 놓여 있기 마련이다. 식물, 계단, 경사로, 상자, 구덩이 등이 이런 장애물에 속한다. 유니티에 기본적으로 들어있는 NavMesh 시스템을 사용해서 AI 오브젝트가 장애물을 피해갈 수 있게 만들어보려 한다.

테스트 환경 설정

길 찾기 시스템을 만들기 전에 AI 오브젝트가 돌아다닐 레벨을 만들어야 한다. 큐브나 캡슐 같은 유니티의 기본 모델을 사용해서 레벨을 만들려 한다. 바닥으로 사용할 큐브를 생성하고 크게 늘린 뒤에 높이를 줄여서 납작하게 만든다. 이렇게 만든 큐브를 몇 번 복제해서 여러 개의 큐브로 이뤄진 널찍한 바닥을 만든다.

그런 다음에 큐브 몇 개를 삭제하고 조금씩 옮겨서 구덩이를 만들어주면 NavMesh 시스템을 구현하면서 사용할 테스트 레벨이 만들어진다. 예제에서는 다른 오브젝트와 쉽게 구분할 수 있게 바닥 큐브의 색을 녹색으로 바꿨다.

그리고 큐브를 몇 개 더 만든다. 하나는 길게, 다른 하나는 조금 짧지만 두껍게 만들고, 마지막으로 경사로로 사용할 큐브를 만든다. 긴 큐브와 두꺼운 큐브를 엇갈리게 놓은 다음, 두꺼운 큐브의 한쪽 끝에 경사로를 배치해서 AI 오브젝트가 큐브 위로 올라갈 수 있게 만든다.

테스트 환경 설정의 마지막 단계로 AI가 사용할 경유지를 몇 개 추가한다. 유니티의 캡슐 오브젝트로 테스트용 경유지 5개를 만들어서 바닥의 네 모서리에 하나씩 놓고 가운데에도 하나를 놓는다. 모든 경유지에 강체 속성을 추가하고 경유지의 이름을 각각 Waypoint1, Waypoint2, Waypoint3 등으로 변경한다. 코드 내에서는 경유지의 이름을 사용하지 않지만 인스펙터에서 구분하기 쉽게 붙여놓는다. 다음 그림은 지금까지 만든 레벨의 모습이다.

NavMesh 생성

이제 신에 사용할 내비게이션 메시를 만들고자 한다. 먼저 바닥 큐브를 모두 선택한다. 그런 다음, 유니티의 메뉴 탭에서 Window를 선택하고 드롭다운 메뉴의 아래쪽에 있는 Navigation을 클릭하면 다음 그림과 같은 내비게이션 창이 나타난다.

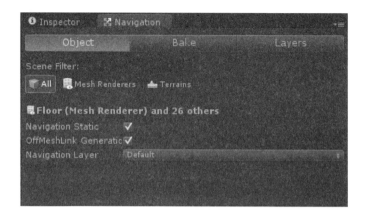

기본적으로 선택하지 않은 상태로 나타나는 Navigation Static과 OffMeshLink Generation을 선택한다. 이렇게 하면 메시의 모서리에 근처의 다른 OffMeshLink와 연결할 수 있는 링크가 만들어진다. 일반적으로 여러 개의 메시로 이뤄지는 게임 레벨의 바닥을 연결할 수 있는 편리한 방법이다.

Scene Filter는 계층 창에 표시할 오브젝트를 지정하는 옵션이다. All을 선택하면 모든 게임 오브젝트를 표시한다. Mesh Renderers를 선택하면 메시 렌더러 컴포넌트를 지닌 게임 오브젝트만 표시한다. 마지막으로 Terrains를 선택하면 지형만 표시한다.

Navigation Layer 드롭다운을 통해 걸어갈 수 있는 영역(Default), 걸어갈 수 없는 영역, 또는 점프로 올라갈 수 있는 영역을 설정할 수 있다. 기본값인 걸어갈 수 있는 영역은 바닥, 경사로 등을 나타낸다. 걸어갈 수 없는 영역은 벽, 바위, 기타 다양한 장애물을 나타낸다.

그런 다음, Object 탭 옆에 있는 Bake 탭을 클릭하면 다음 그림과 같은 정보가 나타난다.

일단은 모든 값을 기본값으로 남겨둔다. Radius 속성은 내비게이션 메시가 벽과 이룰 수 있는 최소 간격을 나타낸다. 다시 말해 AI 오브젝트가 지나가는 데 필요한 통로의 간격이라고 봐도 무방하다. 이 값이 작으면 좁은 길도 지나갈 수 있다. Height는 AI 오브젝트가 내비게이션 메시를 따라 지나가는 데 필요한 통로의 높이를 나타낸다. Max Slope는 AI 에이전트가 올라갈 수 있는 경사로, 언덕 등의 최대 각도다. Step Height는 AI 오브젝트가 걸어서 올라설 수 있는 높이를 나타낸다.

다음으로 Generated Off Mesh Links의 항목을 살펴보자. Drop Height는 AI 오브젝트가 뛰어내릴 수 있는 높이를 나타내는 값이다. Jump Distance는 AI가 수평으로 건너뛸 수 있는 거리를 나타낸다.

Advanced 항목은 NavMesh를 좀 더 상세하게 설정하고 싶을 때 쓰인다. Advanced 항목을 사용하면 NavMesh의 정밀도를 상세하게 수정할 수 있고 또 내비게이션 메시와 높이가 같은 Height Mesh도 만들 수 있다.

유니티의 NavMesh에 관한 기본적인 내용은 모두 소개했다. 이제 직접 내비게이션 메시를 만들어보자. 인스펙터 창의 Navigation 탭에서 오른쪽 아래를 보면 Clear, Bake 두 개의 버튼이 있다. Bake 버튼을 클릭해서 새로운 내비게이션 메시를 만든다.

앞서 만든 경사로와 두꺼운 큐브를 선택한다. 내비게이션 창에서 OffMeshLink

Generation을 선택하지 않은 상태인지 확인하고 Navigation Layer를 Default로 설정한다. 모든 선택을 해제하고 다시 경사로, 두꺼운 큐브, 바닥 큐브를 선택한 뒤에 Bake를 클릭해서 새로운 내비게이션 메시를 만든다. 내비게이션 메시를 만들고 난 신의 모습은 다음 그림과 같다.

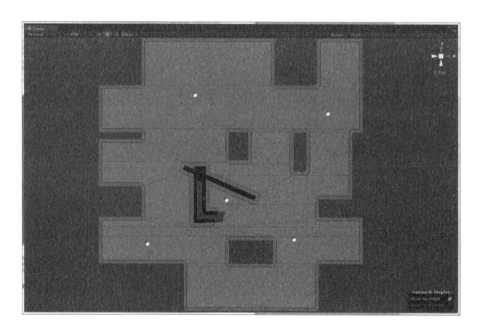

보다시피, 새로 만든 내비게이션 메시가 다른 메시 위에 놓여 있다. Bake 속성을 변경하지 않고 기본값만으로 만든 내비게이션 메시다. Bake 속성을 변경하면 결과가 달라지므로 다양한 시도를 거쳐 AI가 사용할 내비게이션 메시를 완성할 수 있다. 이제 완성한 내비게이션 메시를 활용할 AI 오브젝트의 코드를 만들 차례다. 먼저 경유지 시스템의 코드를 만든 뒤에 NavMesh 시스템의 코드를 만들려고 한다.

변수 추가

경유지 시스템을 만들려면 먼저 몇 개의 변수를 추가해야 한다. 스크립트에 다음 변수를 추가한다.

```
public Transform[] Waypoints;
public int curWaypoint = 0;
```

```
bool ReversePath = false;
NavMeshAgent navAgent;
Vector3 Destination;
float Distance;
```

첫 번째 변수는 경유지를 저장할 Transform 배열이다. curWaypoint는 Transform 배열을 확인할 루프의 반복자로 사용할 정수 변수다. 불리언 변수인 ReversePath는 리스트 내의 경유지를 순서대로 거쳐 갈지 아니면 역순으로 거쳐 갈지를 나타낸다.

다음 세 개의 변수는 앞서 만든 내비게이션 메시와 관련이 깊다. navAgent는 내비게이션 메시와 상호작용해야 할 때 참조할 오브젝트다. Destination은 AI를 이동시키려는 목적지를 나타낸다. Distance는 목적지와의 거리를 확인하는 데 사용할 변수다.

길 찾기를 적용할 함수의 스크립트 작성

앞서 만든 빈 함수 중 일부는 길 찾기 기능이 꼭 있어야 한다. 먼저 도망가는 함수인 Flee를 만들어보자. 다음 코드를 빈 Flee 함수에 추가한다.

```
void Flee()
{
  for(int fleePoint = 0; fleePoint < Waypoints.Length; fleePoint++)
  {
    Distance = Vector3.Distance(gameObject.transform.position,
                                Waypoints[fleePoint].position);
    if(Distance > 10.00f)
    {
      Destination = Waypoints[curWaypoint].position;
      navAgent.SetDestination(Destination);
      break;
    }
    else if(Distance < 2.00f)
    {
      ChangeBehavior(Behaviors.Idle);
    }
  }
}
```

함수의 루프는 Distance가 10보다 큰 경유지를 고르도록 역할한다. 10보다 큰 경유지가 있으면 해당 경유지를 Destination에 대입하고 AI 오브젝트의 목적지로 설정한다. 해당 경유지와 목적지의 거리가 2 이하면 행동을 대기[Idle]로 변경한다.

다음으로 수정할 함수는 SearchForTarget 함수다. 빈 SearchForTarget 함수에 다음 코드를 추가한다.

```
void SearchForTarget()
{
  Destination =
      GameObject.FindGameObjectWithTag("Player").transform.position;
  navAgent.SetDestination(Destination);
  Distance = Vector3.Distance(gameObject.transform.position, Destination);
  if(Distance < 10)
    ChangeBehavior(Behaviors.Combat);
}
```

이제 이 함수로 타깃을, 더 구체적으로 말하면 타깃으로 삼을 플레이어를 찾을 수 있다. 플레이어의 현재 위치를 목적지인 Destination으로 설정한 뒤에 AI 오브젝트를 플레이어 쪽으로 보낸다. Distance가 10 이하면 AI 오브젝트의 행동을 전투[Combat]로 설정한다.

이제 AI 오브젝트는 플레이어를 찾아 나설 수도 있고 플레이어에게서 도망갈 수도 있으므로 경유지를 사용해서 AI 오브젝트의 기본 순찰 경로를 만들어보자. 다음 코드를 빈 Patrol 함수에 추가한다.

```
void Patrol()
{
  Distance = Vector3.Distance(gameObject.transform.position,
                            Waypoints[curWaypoint].position);
  if(Distance > 2.00f)
  {
    Destination = Waypoints[curWaypoint].position;
    navAgent.SetDestination(Destination);
  }
  else
  {
```

```
    if(ReversePath)
    {
      if(curWaypoint <= 0)
      {
        ReversePath = false;
      }
      else
      {
        curWaypoint--;
        Destination = Waypoints[curWaypoint].position;
      }
    }
    else
    {
      if(curWaypoint >= Waypoints.Length - 1)
      {
        ReversePath = true;
      }
      else
      {
        curWaypoint++;
        Destination = Waypoints[curWaypoint].position;
      }
    }
  }
}
```

Patrol 함수는 먼저 Distance 변수를 확인해서 AI 오브젝트가 현재 경유지에서 멀리 떨어져 있으면 현재 경유지를 AI 오브젝트의 새로운 목적지로 설정한다. 현재 경유지와 가깝다면 ReversePath 불리언 변수를 확인한다. ReversePath가 참이면 AI 오브젝트를 전 경유지로 보낸다. 즉 경유지를 역순으로 거치는 경로가 만들어진다. ReversePath가 거짓이면 AI 오브젝트를 경유지 리스트 내의 다음 경유지로 보낸다.

이것으로 길 찾기 기능을 지닌 AI 오브젝트를 완성했다. 이제 AI 오브젝트는 경유지를 순서대로 거쳐 가다가 마지막 경유지에 도착하면 거꾸로 되돌아가며 순찰할 수 있다. 또 AI 오브젝트에 플레이어에게서 도망가는 기능과 플레이어를 찾는 기능을 추가했다.

캐릭터 애니메이션

애니메이션은 게임 속의 캐릭터에게 시각적인 생명을 부여한다. 기초적인 애니메이션에서 지극히 사실적인 움직임에 이르기까지 중요하지 않은 애니메이션은 없으며 모든 애니메이션은 스크립트 개발자의 땀과 노력을 대변하는 결과이기도 하다. AI 오브젝트에 애니메이션을 추가하려면 먼저 애니메이션에 사용할 모델 메시가 필요하다.

모델 메시 추가

5장의 예제에서 사용할 모델 메시는 유니티 에셋 스토어에서 구했다. 똑같은 모델 메시를 사용하고 싶다면 유니티 에셋 스토어로 가서 'Skeletons Pack'을 검색하길 바란다. 텍스처, 프랍prop, 애니메이션을 완비한 네 종류의 해골 모델 메시가 들어있는 패키지로 예제에 적격인 데다가 무료다.

패키지를 유니티로 불러오면 네 개의 모델과 모델의 텍스처, ShowCase라는 예제 신이 딸려온다. 신을 열면 네 개의 해골이 보인다. 신을 실행하면 모든 해골이 대기 애니메이션을 재생하면서 서 있는 것을 볼 수 있다.

AI 오브젝트에 사용할 해골을 선택한다. 예제에서는 *skeletonDark*를 선택했다. 계층 창에서 선택한 해골의 드롭다운 리스트를 클릭하고 Bip01의 드롭다운 리스트를 연다. 그런 다음 magicParticle을 선택한다. 예제에서는 이 효과를 사용하지 않을 예정이므로 과감하게 삭제한다.

프로젝트 창에서 새로운 프리팹prefab2을 만들고 이름을 Skeleton으로 변경한다. 계층 창에서 사용할 해골을 선택한 뒤에 새로 만든 프리팹으로 드래그한다. 이제 이 해골을 AI 오브젝트의 모델로 사용할 수 있다.

AI 오브젝트를 테스트할 신을 열고 Skeleton 프리팹을 신으로 드래그한다. 예제에서는 프리팹을 레벨의 중앙에 놓인 경유지 근처에 배치했다. 인스펙터 창을 보면 모델의 애니메이션에 관한 Animation 컴포넌트를 볼 수 있다.

---

2 프리팹: 프리팹은 다양한 게임 오브젝트를 하나로 관리할 수 있는 일종의 컨테이너다. 프리팹을 신에 추가하면 프리팹에 속한 오브젝트가 한꺼번에 인스턴스로 만들어진다. 프리팹은 한 신에 여러 번 추가할 수도 있고 다른 신에 추가할 수도 있다. 또 에셋으로 관리하므로 다른 프로젝트에도 사용할 수 있다는 장점이 있다.

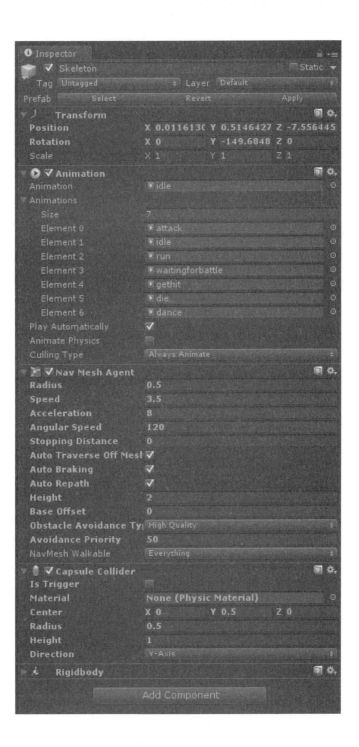

이제 해골에 몇 개의 컴포넌트를 추가해야 한다. 유니티 창의 맨 위에 있는 Component 메뉴로 가서 Navigation을 선택하고 Nav Mesh Agent를 클릭한다. 이렇게 하면 방금 추가한 해골이 앞서 만든 NavMesh를 사용할 수 있다. 다시 Component 메뉴로 가서 Physics 안에 있는 Capsule Collider와 Rigidbody를 클릭한다. 컴포넌트를 추가하고 나면 인스펙터 창이 앞의 그림과 같이 바뀐다.

이제 모델과 AI 스크립트를 연계하는 데 필요한 컴포넌트가 모두 갖춰졌다.

애니메이션 스크립트 작성

애니메이션 재생에 필요한 코드의 양은 많지 않지만, 스크립트의 여기저기를 수정해야 한다. 먼저 Idle 함수에 다음 코드를 추가한다.

```
animation.Play("idle");
```

이 한 줄의 코드로 대기 애니메이션을 재생한다. 모델의 애니메이션 컴포넌트에 들어 있는 애니메이션을 컴포넌트의 Play 함수를 사용해서 재생하는 코드다. Play 함수는 인수로 받은 애니메이션의 이름과 일치하는 이름을 지닌 애니메이션을 불러온다. 여기서는 idle이라는 애니메이션을 불러온다.

그리고 스크립트의 SearchForTarget 함수에 다음 코드를 추가한다.

```
animation.Play("run");
```

똑같이 애니메이션 컴포넌트에 들어있는 Play 함수를 사용해서 재생할 애니메이션을 불러온다. 순찰에도 똑같은 애니메이션을 사용하고자 하므로 Patrol 함수에도 똑같은 코드를 추가한다. 그런 다음, RangedAttack 함수와 MeleeAttack 함수에 다음 코드를 추가한다.

```
animation.Play("attack");
```

여기서는 attack 애니메이션을 불러온다. 원거리 공격용 애니메이션이 따로 있다면 모르겠지만 당장은 없으므로 하나의 애니메이션을 근접 공격, 원거리 공격 양쪽에 사용한다. 이것으로 AI 오브젝트가 사용할 애니메이션의 코딩이 끝났다. 이제 AI 오브젝트는 게임 플레이 중에 적절한 애니메이션을 재생할 수 있다.

AI 패키지 제작

AI 패키지를 만들려면 스크립트를 마무리해서 해골에 추가해야 한다.

코드 마무리

스크립트에 추가한 변수 중에 아직 사용하지 않은 변수가 있다. Start 함수에서 이런 변수에 적절한 값을 대입하려 한다. 또 AI 코드를 실행할 Update 함수도 추가해야 한다. 다음 함수를 클래스의 아래쪽에 추가한다.

```
void Start()
{
  navAgent = GetComponent<NavMeshAgent>();

  Stats.Add(new KeyValuePair<string, int>("Health", 100));
  Stats.Add(new KeyValuePair<string, int>("Speed", 10));
  Stats.Add(new KeyValuePair<string, int>("Damage", 25));
  Stats.Add(new KeyValuePair<string, int>("Agility", 25));
  Stats.Add(new KeyValuePair<string, int>("Accuracy", 60));
}

void Update ()
{
  RunBehaviors();
}
```

Start 함수는 먼저 게임 오브젝트의 NavMeshAgent 컴포넌트를 가져와서 navAgent 변수에 대입한다. 그런 다음, Stats 배열에 새로운 KeyValuePair를 추가한다. 이제 Stats 배열은 몇 개의 능력치로 채워진다.

Update 함수는 AI를 실행하는 RunBehaviors 함수를 호출한다. RunBehaviors는 AI 오브젝트가 살아 움직이는 동안 적절한 행동을 수행한다.

Inspector

| Rotation | X 0 | Y 210.3152 | Z 0 |
| Scale | X 1 | Y 1 | Z 1 |

▶ ✔ Animation

Animation	▶ idle
Animations	
Size	7
Element 0	▶ attack
Element 1	▶ idle
Element 2	▶ run
Element 3	▶ waitingforbattle
Element 4	▶ gethit
Element 5	▶ die
Element 6	▶ dance
Play Automatically	✔
Animate Physics	
Culling Type	Always Animate

▶ ✔ AI_Agent (Script)

Script	▣ AI_Agent
AI Behaviors	Guard
Is Suspicious	
Is In Range	
Fights Ranged	
Projectile	Projectile
Waypoints	
Size	5
Element 0	Waypoint1 (Transform)
Element 1	Waypoint2 (Transform)
Element 2	Waypoint3 (Transform)
Element 3	Waypoint4 (Transform)
Element 4	Waypoint5 (Transform)
Cur Waypoint	0

▶ Rigidbody

▶ ✔ Nav Mesh Agent

Radius	0.5
Speed	2
Acceleration	8
Angular Speed	120
Stopping Distance	0
Auto Traverse Off Mes	✔
Auto Braking	✔
Auto Repath	✔
Height	2
Base Offset	0
Obstacle Avoidance Ty	High Quality
Avoidance Priority	50
NavMesh Walkable	Everything

▶ ✔ Capsule Collider

Is Trigger	
Material	None (Physic Material)
Center	X 0	Y 0.5	Z 0
Radius	0.5
Height	1
Direction	Y-Axis

인스펙터 마무리

AI 패키지를 완성하려면 해골에 스크립트를 추가해야 하므로 스크립트를 계층 창의 해골로 드래그한다. Waypoints 배열의 Size 속성에 5를 입력해서 드롭다운 리스트를 연다. Element 0에서 4까지의 빈 슬롯으로 경유지를 하나하나 드래그한다.

발사 무기로 사용할 게임 오브젝트로 구체^{Sphere}를 생성해서 프리팹으로 만든다. 그리고 프리팹을 Projectile 옆의 빈 슬롯으로 드래그한다. 마지막으로 Ai Behaviors를 Guard로 설정해서 신을 시작할 때 AI 오브젝트가 순찰을 시작하게 한다. 여기까지 마치고 나면 해골의 인스펙터 창은 앞의 그림과 같은 모습으로 바뀐다.

이제 AI 오브젝트를 게임에 사용할 준비가 끝났다. 모든 기능이 제대로 동작하는지 확인하려면 약간의 플레이 테스트가 필요하다.

플레이 테스트

AI를 테스트하는 가장 좋은 방법은 행동을 Guard가 아닌 Idle, Combat, Flee로 바꿔가면서 신을 실행해보는 것이다. 그리고 Nav Mesh Agent 컴포넌트의 Speed, Angular Speed, Stopping Distance 같은 변수의 값을 바꿔보면 다양한 결과를 얻을 수 있다. 또 경유지를 이리저리 옮기면서 경로를 바꿔보는 방법도 있다.

요약

5장에서는 AI 패키지를 만드는 방법을 배웠다. 먼저 AI를 처리하는 기법인 유한 상태 머신, 행동 트리를 살펴봤다. 그런 다음에 AI의 효과를 내부 효과와 외부 효과로 나누고 길 찾기의 구현 방법인 경유지 시스템과 유니티의 NavMesh 시스템을 살펴봤다. 마지막으로 5장의 내용을 한데 모으고 애니메이션을 더해서 AI 패키지를 완성했다.

6장에서는 통계 추적 시스템을 만드는 방법을 배운다. 먼저 플레이어와 적에게 필요한 통계와 속성을 추가한 뒤에 플레이어와 적에 관한 통계를 추적한다. 또 일부 통계를 바탕으로 업적 시스템도 추가하려 한다.

6

점수와 통계

많은 게임에서 통계와 점수는 플레이어의 진척 상황을 보여주는 수단으로 쓰인다. 통계로 인해 게임 또는 라운드의 승패가 갈리는 게임도 있다. 레이싱 게임의 순위표나 FPS 게임의 계급 시스템처럼 통계를 통해 경쟁을 부추기는 게임도 있다. 통계의 활용 방법은 다양하다. 또 플레이어는 단지 통계를 얻으려고 평소에 하지 않던 행동을 하기도 한다.

6장의 내용은 다음과 같다.

- 플레이어용 통계 생성
- 통계 스크립트 구현
- 통계 추적 기능 구현
- 업적 시스템 구현
- PlayerPrefs를 사용해 통계 저장
- GUI를 사용해 통계와 업적 표시
- 통계의 생성과 부여

통계를 구현하기 전에 추적할 통계의 종류를 생각해봐야 한다. 가장 기본적이면서도 중요한 과정이다.

통계 프로토타이핑

추적할 통계의 종류에 관해 생각해보자. 6장에서 만들어볼 게임은 검투사가 투기장에서 싸우는 방식으로 플레이하는 게임이다. 따라서 플레이어와 적의 한 판 대결을 의미하는 라운드라는 개념이 존재한다. 플레이어가 라운드에서 승리하려면 모든 적을 죽여야 한다. 적이 플레이어를 죽이면 라운드에서 패배한다.

다음은 추적하려는 통계의 목록이다.

- 적을 죽인 횟수
- 적에게 죽은 횟수
- 획득한 상금 총액
- 현재 소유한 돈
- 소비한 돈
- 레벨
- 승리한 라운드 수
- 패배한 라운드 수
- 죽인 횟수와 죽은 횟수의 비율
- 승률
- 플레이한 시간

플레이어에게 통계 부여

추적할 통계를 파악했으므로 이제 스크립트 작성 단계로 넘어간다. 새로운 C# 스크립트를 만들고 이름을 StatTracker로 변경한다. 그런 다음, 추적할 통계에 해당하는 변수를 추가한다.

```
int pKills = 0;
int pDeaths = 0;
int pTotalGold = 0;
int pCurrentGold = 0;
int pGoldSpent = 0;
int pLevel = 1;
int pRoundsWon = 0;
```

```
int pRoundsLost = 0;
float pKDR = 0.00f;
float pWLR = 0.00f;
float pTimePlayed = 0.00f;
```

보다시피 변수의 이름 앞에 소문자 p가 붙어있다. 여기서 p는 플레이어에 관한 변수임을 나타낸다. 통계는 대부분 정수 변수에 기록한다. 뒤쪽 몇 개만 부동소수점이다. 모두 스크립트 내에서 변경, 저장, 리셋할 변수다.

통계 추적 기능

다음으로 통계 추적에 필요한 모든 기능을 추가한다. 통계를 설정, 리셋할 함수와 PlayerPrefs를 설정, 리셋, 저장할 함수를 만들고 마지막으로 화면에 통계를 표시하려 한다. 유니티의 기본 기능인 PlayerPrefs를 사용하면 Dictionary나 KeyValuePair와 비슷한 방식으로 문자열, 정수, 부동소수점 등을 저장할 수 있다.

통곗값 설정

처음으로 만들 함수는 지정한 통곗값을 설정할 수 있는 함수다. 스크립트에 다음 함수를 추가한다.

```
void SetStat(string stat, int intValue = 0)
{
  switch(stat)
  {
  case "Kills":
    pKills+= intValue;

    float fKills = pKills;
    float fDeaths = pDeaths;
    if(fKills != 0)
      pKDR = fDeaths / fKills;
    break;
  case "Deaths":
```

```
      pDeaths+= intValue;

      float fKills2 = pKills;
      float fDeaths2 = pDeaths;
      if(fKills2 != 0)
        pKDR = fDeaths2 / fKills2;
      break;
    case "CurrentGold":
      pCurrentGold+= intValue;
      break;
    case "GoldSpent":
      pGoldSpent+= intValue;
      break;
    case "Level":
      pLevel+= intValue;
      break;
    case "RoundsWon":
      pRoundsWon+= intValue;

      float fWins = pRoundsWon;
      float fLosses = pRoundsLost;
      if(fWins != 0)
        pWLR = fLosses / fWins;
      break;
    case "RoundsLost":
      pRoundsLost+= intValue;

      float fWins2 = pRoundsWon;
      float fLosses2 = pRoundsLost;
      if(fWins2 != 0)
        pWLR = fLosses2 / fWins2;
      break;
    case "TimePlayed":
      pTimePlayed+= fltValue;
      break;
  }
}
```

이 함수는 변경할 통계를 나타내는 문자열과 변경할 값을 나타내는 정수, 두 개의 인수를 받는다. 이때 정수 인수의 기본값을 0으로 설정해서 오류가 일어날 가능성을 줄인다. 그런 다음에 함수로 전달한 통계 문자열로 switch문을 실행해서 변경할 통계를 선택한다.

적을 죽인 횟수, 적에게 죽은 횟수, 승리한 라운드 수, 패배한 라운드 수는 값을 설정하는 동시에 비율도 함께 계산해야 한다는 조금 독특한 특징이 있다. 죽인 횟수나 죽은 횟수를 설정할 때는 죽인 횟수와 죽은 횟수의 비율도 함께 계산해서 대입해야 하고, 승리한 라운드 수와 패배한 라운드 수를 설정할 때는 승률도 함께 계산해서 대입해야 한다.

통계 리셋

통계를 리셋하려면 스크립트에 다음과 같이 간단하면서도 중요한 함수를 추가해야 한다.

```
void ResetStats()
{
  pKills = 0;
  pDeaths = 0;
  pTotalGold = 0;
  pCurrentGold = 0;
  pGoldSpent = 0;
  pLevel = 1;
  pRoundsWon = 0;
  pRoundsLost = 0;
  pKDR = 0.00f;
  pWLR = 0.00f;
  pTimePlayed = 0.00f;
}
```

이 함수를 호출하면 모든 통계의 값을 기본값으로 리셋한다. 즉 기본값이 1이어야 하는 레벨을 제외한 모든 값을 0으로 바꾼다. 원하는 통계만 기본값으로 리셋하고 싶다면 앞서 만든 SetStat 함수를 사용해야 한다.

PlayerPrefs 리셋

유니티의 `PlayerPrefs`를 사용해서 통계를 저장하려 한다. `PlayerPrefs`는 적은 양의 데이터를 저장할 때 유용한 방법으로 다양한 플랫폼에서 사용할 수 있으며 사용법도 간단하다. 먼저 `PlayerPrefs`의 값을 리셋할 수 있는 함수를 만들어보자. 스크립트에 다음 함수를 추가한다.

```
void ResetAllPrefs()
{
  PlayerPrefs.SetInt("PlayerKills", 0);
  PlayerPrefs.SetInt("PlayerDeaths", 0);
  PlayerPrefs.SetInt("PlayerTotalGold", 0);
  PlayerPrefs.SetInt("PlayerCurrentGold", 0);
  PlayerPrefs.SetInt("PlayerGoldSpent", 0);
  PlayerPrefs.SetInt("PlayerLevel", 0);
  PlayerPrefs.SetInt("PlayerRoundsWon", 0);
  PlayerPrefs.SetInt("PlayerRoundsLost", 0);
  PlayerPrefs.SetFloat("PlayerKDR", 0.00f);
  PlayerPrefs.SetFloat("PlayerWLR", 0.00f);
  PlayerPrefs.SetFloat("PlayerTimePlayed", 0.00f);
  PlayerPrefs.Save();
}
```

이 함수는 `PlayerPrefs`에 기본값을 설정하는 역할을 한다. 기본값으로 리셋한 뒤에 `PlayerPrefs`의 `Save` 함수를 호출해서 리셋한 값을 저장한다.

PlayerPrefs 저장

다음으로 `PlayerPrefs`의 모든 값을 저장할 수 있는 함수를 만든다. `PlayerPrefs`의 모든 값을 리셋했던 방법과 비슷하다. 다음 함수를 추가한다.

```
void SaveAllPrefs()
{
  PlayerPrefs.SetInt("PlayerKills", pKills);
  PlayerPrefs.SetInt("PlayerDeaths", pDeaths);
  PlayerPrefs.SetInt("PlayerTotalGold", pTotalGold);
  PlayerPrefs.SetInt("PlayerCurrentGold", pCurrentGold);
```

```
PlayerPrefs.SetInt("PlayerGoldSpent", pGoldSpent);
PlayerPrefs.SetInt("PlayerLevel", pLevel);
PlayerPrefs.SetInt("PlayerRoundsWon", pRoundsWon);
PlayerPrefs.SetInt("PlayerRoundsLost", pRoundsLost);
PlayerPrefs.SetFloat("PlayerKDR", pKDR);
PlayerPrefs.SetFloat("PlayerWLR", pWLR);
PlayerPrefs.SetFloat("PlayerTimePlayed", pTimePlayed);
PlayerPrefs.Save();
}
```

기본적인 동작 방식은 ResetAllPrefs 함수와 같지만 PlayerPrefs에 대입하는 값이 기본값이 아니라는 차이가 있다. PlayerPrefs의 모든 요소에 적절한 통곗값을 대입한 뒤에 함수의 마지막 줄에서 PlayerPrefs의 값을 저장한다.

PlayerPrefs 설정

PlayerPrefs의 특정 요소를 설정하는 함수를 만드는 방법은 지정한 통곗값을 설정하는 방법과 비슷하다. 스크립트에 다음 함수를 추가한다.

```
void SetPref(string Pref, int intValue = 0, float fltValue = 0.00f)
{
  if(intValue != 0)
  {
    if(PlayerPrefs.HasKey(Pref))
      PlayerPrefs.SetInt(Pref, intValue);
  }
  if(fltValue != 0.00f)
  {
    if(PlayerPrefs.HasKey(Pref))
      PlayerPrefs.SetFloat(Pref, fltValue);
  }

  PlayerPrefs.Save();
}
```

이 함수는 설정하려는 PlayerPrefs의 요소를 나타내는 문자열과 설정하려는 값을 인수로 받는다. 함수 내에서는 설정하려는 값이 0이 아닌지 확인한다. 값 중 하나가 0이면 해당 값은 무시한다. 0이 아닌 값이 있으면 인수로 받은 문자열과 이름이 같은 요소가 PlayerPrefs에 들어있는지 확인한다. 들어있다면 해당 요소에 값을 설정하고 PlayerPrefs를 저장하면서 마무리한다.

PlayerPrefs의 특정 값 리셋

PlayerPrefs의 값 중 하나를 리셋하고 싶을 때도 있다. 그럴 때는 조금 다른 방식으로 리셋할 수 있는 함수를 만들어야 한다. 스크립트에 다음 함수를 추가한다.

```
void ResetPref(string Pref)
{
  switch(Pref)
  {
  case "Kills":
    PlayerPrefs.SetInt("PlayerKills", 0);
    break;
  case "Deaths":
    PlayerPrefs.SetInt("PlayerDeaths", 0);
    break;
  case "TotalGold":
    PlayerPrefs.SetInt("PlayerTotalGold", 0);
    break;
  case "CurrentGold":
    PlayerPrefs.SetInt("PlayerCurrentGold", 0);
    break;
  case "GoldSpent":
    PlayerPrefs.SetInt("PlayerGoldSpent", 0);
    break;
  case "Level":
    PlayerPrefs.SetInt("PlayerLevel", 0);
    break;
  case "RoundsWon":
    PlayerPrefs.SetInt("PlayerRoundsWon", 0);
    break;
  case "RoundsLost":
```

```
       PlayerPrefs.SetInt("PlayerRoundsLost", 0);
       break;
   case "KDR":
       PlayerPrefs.SetFloat("PlayerKDR", 0.00f);
       break;
   case "WLR":
       PlayerPrefs.SetFloat("PlayerWLR", 0.00f);
       break;
   case "TimePlayed":
       PlayerPrefs.SetFloat("PlayerTimePlayed", 0.00f);
       break;
   }
   PlayerPrefs.Save();
}
```

이 함수는 리셋하려는 PlayerPrefs의 요소를 나타내는 문자열을 인수로 받는다. 그런 다음에 switch문을 실행해서 전달받은 문자열과 같은 요소를 리셋할 요소로 결정한다. 리셋이 끝 나면 PlayerPrefs를 저장한다.

화면에 통계 표시

통계 처리의 마지막 단계로 통계를 화면에 표시하려 한다. 통계를 표시하려면 먼저 다음과 같은 변수를 추가해야 한다.

```
public bool showStats = false;
public Rect statsRect = new Rect(Screen.width / 2, Screen.height / 2,
                                 400, 400);
```

불리언 변수는 통계 메뉴의 표시 여부를 나타내고 Rect 변수는 통계 메뉴를 표시할 영역을 나타낸다. 이제 다음과 같이 화면에 GUI를 그리는 OnGUI 함수를 추가한다.

```
void OnGUI()
{
   if(showStats)
   {
       statsRect = GUI.Window(0, statsRect, StatsGUI, "Stats");
```

```
  }
}
```

OnGUI 함수는 먼저 불리언 변수인 showStats를 확인해서 통계 메뉴를 화면에 표시할지 따져본다. showStats가 참이면 StatsGUI라는 함수를 호출한다. StatsGUI는 모든 통계를 화면에 그리는 함수다. 이제 이 함수를 추가해보자.

```
void StatsGUI(int ID)
{
  GUILayout.BeginArea(new Rect(15, 25, 400, 400));

  GUILayout.BeginVertical();
  GUILayout.Label("Level - " + pLevel);
  GUILayout.Label("Gold - " + pCurrentGold);
  GUILayout.Label("Kills - " + pKills);
  GUILayout.Label("Deaths - " + pDeaths);
  GUILayout.Label("Kill/Death Ratio - " + pKDR);
  GUILayout.Label("Rounds Won - " + pRoundsWon);
  GUILayout.Label("Rounds Loss - " + pRoundsLost);
  GUILayout.Label("Win/Loss Ratio - " + pWLR);
  GUILayout.Label("Time Played (in minutes) - " + (pTimePlayed / 60.00f));
  GUILayout.EndVertical();
  GUILayout.EndArea();
}
```

레이블을 사용해서 통계 이름을 나타내는 텍스트와 통곗값이 들어있는 변수를 화면에 표시하는 함수다. 플레이 시간$^{\text{Time Played}}$은 60으로 나눠서 분 단위로 표시한다. 유니티는 시간을 초 단위로 취급하므로 플레이어에게 그대로 보여주기에는 너무 크고 알아보기 힘든 숫자일 수 있다.

스크립트를 간단히 테스트해보려면 새로운 신을 만들고 카메라에 스크립트를 추가한다. 인스펙터 창에서 showStats 불리언 변수를 참으로 설정해야 한다는 점을 잊지 말길 바란다. 이제 화면에 다음과 같이 통계가 나타나야 한다.

추적하려는 모든 통계를 화면에 세로로 표시하고 있다. 10장에서 모든 내용을 종합해서 게임을 완성할 때 지금 만든 내용을 메뉴 시스템에 넣을 예정이다.

업적 시스템

업적은 이제 장르와 플랫폼을 막론하고 거의 모든 게임에서 찾아볼 수 있다. 플레이어가 특정한 행동을 일정한 기준 이상 수행했을 때 보상으로 주어지는 업적은 플레이어에게 자부심과 성취감을 느낄 수 있게 해준다. 또 게임에서 이룬 성과를 자랑하고 드러낼 수 있는 수단이기도 하다.

업적 프로토타이핑

통계를 프로토타이핑했던 방법과 비슷하게 업적도 프로토타이핑하려 한다. 통계를 사용해서 업적의 달성 여부를 확인할 예정이지만 업적과 상관없는 통계도 있다. 이런 이유로 6장에서 만들 업적의 수는 통계의 수보다 적지만 각 업적은 여러 단계를 지닌다.

6장에서 추적할 업적의 목록은 다음과 같다.

- 적을 죽인 횟수

- 획득한 상금 총액
- 소비한 돈
- 레벨
- 승리한 라운드 수
- 플레이한 시간

업적에 필요한 변수 추가

먼저 새로운 C# 스크립트를 만들고 이름을 AchievementSystem으로 변경한다. 그리고 클래스 안쪽에 다음 변수를 추가한다.

```
int achKills, achTotGold, achGoldSpnt, achLvl, achRndsW, achTime;
bool getKills, getTotGold, getGoldSpnt, getLvl, getRndsW, getTime;
```

정수 변수는 각 업적의 단계 중에서 플레이어가 이미 달성한 단계를 기록하는 용도로 쓰인다. 업적에 단계를 두면 하나의 통계로 여러 단계의 업적을 달성하게 만들 수 있다. 불리언 변수는 각 업적에 달성할 수 있는 더 높은 단계가 남아있는지를 나타낸다.

업적 리셋

업적 시스템에 추가할 첫 함수는 업적을 기본값으로 리셋하는 함수다. 스크립트에 다음 함수를 추가한다.

```
void ResetAchievements()
{
  achKills = 0;
  achTotGold = 0;
  achGoldSpnt = 0;
  achLvl = 0;
  achRndsW = 0;
  achTime = 0;
  getKills = true;
  getTotGold = true;
  getGoldSpnt = true;
  getLvl = true;
```

```
  getRndsW = true;
  getTime = true;
}
```

이 함수는 업적의 단계에 관한 모든 변수를 0으로 설정하고 모든 불리언 변수를 참으로 설정한다.

업적 추적 기능

이제 각 업적에 추적 기능을 추가하려 한다. 그리고 추적 기능마다 따로 함수를 구현할 예정이다. 각 함수의 형태는 비슷하지만 사용하는 변수는 다르다.

추적 함수는 호출될 때 확인할 통계의 양을 나타내는 정수를 인수로 받는다. 함수 안에서는 불리언 변수를 통해 달성할 단계가 남아있는 업적인지 확인한다. 그런 다음, 주어진 통계의 양에 해당하는 업적의 단계를 확인한다.

그리고 달성한 업적의 단계가 최고 단계에 도달하면 더 이상 업적을 달성할 수 없게 한다.

적을 죽인 횟수 추적

첫 번째로 플레이어가 적을 죽인 횟수를 추적한다. 다음 추적 함수를 추가한다.

```
void Kills(int Amount)
{
  if(getKills)
  {
    if(Amount >= 10 && Amount < 49)
    {
      if(achKills != 1)
        achKills++;
    }
    if(Amount >= 50 && Amount < 99)
    {
      if(achKills != 2)
```

```
      achKills++;
    }
    if(Amount >= 100 && Amount < 249)
    {
      if(achKills != 3)
        achKills++;
    }
    if(Amount >= 250 && Amount < 499)
    {
      if(achKills != 4)
        achKills++;
    }
    if(Amount >= 500 && Amount < 999)
    {
      if(achKills != 5)
        achKills++;
    }
    if(Amount >= 1000)
    {
      if(achKills != 6)
        achKills = 6;
    }
    if(achKills == 6)
      getKills = false;
  }
}
```

상금 총액 추적

다음으로 플레이어가 게임을 플레이하는 동안 획득한 상금의 총액을 추적한다. 스크립트에 다음 함수를 추가한다.

```
void TotalGold(int Amount)
{
  if(getTotGold)
  {
    if(Amount >= 100 && Amount < 249)
```

```
  {
    if(achTotGold != 1)
      achTotGold++;
  }
  if(Amount >= 250 && Amount < 499)
  {
    if(achTotGold != 2)
      achTotGold++;
  }
  if(Amount >= 500 && Amount < 999)
  {
    if(achTotGold != 3)
      achTotGold++;
  }
  if(Amount >= 1000 && Amount < 4999)
  {
    if(achTotGold != 4)
      achTotGold++;
  }
  if(Amount >= 5000 && Amount < 9999)
  {
    if(achTotGold != 5)
      achTotGold++;
  }
  if(Amount >= 10000)
  {
    if(achTotGold != 6)
      achTotGold = 6;
  }

  if(achTotGold == 6)
    getTotGold = false;
  }
}
```

소비한 돈 추적

이번에는 플레이어가 게임을 플레이하면서 소비한 돈의 총액을 추적하는 함수를 추가한다.

```
void GoldSpent(int Amount)
{
  if(getGoldSpnt)
  {
    if(Amount >= 100 && Amount < 249)
    {
      if(achGoldSpnt != 1)
        achGoldSpnt++;
    }
    if(Amount >= 250 && Amount < 499)
    {
      if(achGoldSpnt != 2)
        achGoldSpnt++;
    }
    if(Amount >= 500 && Amount < 999)
    {
      if(achGoldSpnt != 3)
        achGoldSpnt++;
    }
    if(Amount >= 1000 && Amount < 4999)
    {
      if(achGoldSpnt != 4)
        achGoldSpnt++;
    }
    if(Amount >= 5000 && Amount < 9999)
    {
      if(achGoldSpnt != 5)
        achGoldSpnt++;
    }
    if(Amount >= 10000)
    {
      if(achGoldSpnt != 6)
        achGoldSpnt = 6;
```

```
    }

    if(achGoldSpnt == 6)
      getGoldSpnt = false;
  }
}
```

플레이어의 레벨 추적

이제 플레이어의 레벨을 추적하는 함수를 추가한다.

```
void Level(int Amount)
{
  if(getLvl)
  {
    if(Amount >= 5 && Amount < 9)
    {
      if(achLvl != 1)
        achLvl++;
    }
    if(Amount >= 10 && Amount < 24)
    {
      if(achLvl != 2)
        achLvl++;
    }
    if(Amount >= 25 && Amount < 49)
    {
      if(achLvl != 3)
        achLvl++;
    }
    if(Amount >= 50 && Amount < 74)
    {
      if(achLvl != 4)
        achLvl++;
    }
    if(Amount >= 75 && Amount < 99)
    {
```

```
    if(achLvl != 5)
      achLvl++;
  }
  if(Amount >= 100)
  {
    if(achLvl != 6)
      achLvl = 6;
  }

  if(achLvl == 6)
    getLvl = false;
  }
}
```

승리한 라운드 수 추적

플레이어가 총 몇 라운드를 이겼는지 추적하는 함수를 추가한다.

```
void RoundsWon(int Amount)
{
  if(getRndsW)
  {
    if(Amount >= 5 && Amount < 9)
    {
      if(achRndsW != 1)
        achRndsW++;
    }
    if(Amount >= 10 && Amount < 24)
    {
      if(achRndsW != 2)
        achRndsW++;
    }
    if(Amount >= 25 && Amount < 49)
    {
      if(achRndsW != 3)
        achRndsW++;
    }
```

```
    if(Amount >= 50 && Amount < 74)
    {
      if(achRndsW != 4)
        achRndsW++;
    }
    if(Amount >= 75 && Amount < 99)
    {
      if(achRndsW != 5)
        achRndsW++;
    }
    if(Amount >= 100)
    {
      if(achRndsW != 6)
        achRndsW = 6;
    }

    if(achRndsW == 6)
      getRndsW = false;
  }
}
```

플레이한 시간 추적

플레이어가 게임을 플레이한 시간을 추적하는 함수를 추가한다. 유니티가 제공하는
시간은 초 단위지만 플레이한 시간은 분 단위로 추적할 예정이므로 60으로 나눠줘야
한다.

```
void TimePlayed(float Amount)
{
  if(getTime)
  {
    float minutes = Amount / 60.00f;

    if(minutes >= 10.00f && minutes < 59.00f)
    {
      if(achTime != 1)
        achTime++;
```

```
        }
    if(minutes >= 60.00f && minutes < 119.00f)
    {
        if(achTime != 2)
            achTime++;
    }
    if(minutes >= 120.00f && minutes < 179.00f)
    {
        if(achTime != 3)
            achTime++;
    }
    if(minutes >= 180.00f && minutes < 239.00f)
    {
        if(achTime != 4)
            achTime++;
    }
    if(minutes >= 240.00f && minutes < 299.00f)
    {
        if(achTime != 5)
            achTime++;
    }
    if(minutes >= 300.00f)
    {
        if(achTime != 6)
            achTime = 6;
    }

    if(achTime == 6)
        getTime = false;
    }
}
```

업적 확인

이제 실제로 업적을 확인하는 함수를 추가하려 한다. 플레이어가 획득한 통계가 업적의 달성 요건을 만족하는지 확인하고 싶을 때 호출할 함수다.

특정 업적 확인

CheckAchievement 함수를 사용하면 업적을 하나하나 확인할 수 있다. 이 함수는 확인할 업적을 나타내는 문자열을 인수로 받는다. 그리고 switch문을 실행해서 처리할 업적을 결정한다. 스크립트에 다음 함수를 추가한다. 이 함수는 플레이어의 업적을 표시하는 메뉴를 로드할 때 사용할 수 있으며 같은 업적을 두 번 이상 달성할 수 없게 막는 역할도 한다.

```
void CheckAchievement(string Achievement)
{
  switch(Achievement)
  {
  case "Kills":
    Kills(PlayerPrefs.GetInt("PlayerKills"));
    break;
  case "TotalGold":
    TotalGold(PlayerPrefs.GetInt("PlayerTotalGold"));
    break;
  case "GoldSpent":
    GoldSpent(PlayerPrefs.GetInt("PlayerGoldSpent"));
    break;
  case "Level":
    Level(PlayerPrefs.GetInt("PlayerLevel"));
    break;
  case "RoundsWon":
    RoundsWon(PlayerPrefs.GetInt("PlayerRoundsWon"));
    break;
  case "TimePlayed":
    TimePlayed(PlayerPrefs.GetFloat("PlayerTimePlayed"));
    break;
  }
}
```

모든 업적 확인

모든 업적을 확인할 수 있는 함수인 CheckAllAchievements 함수를 추가해보자.

```
void CheckAllAchievements()
{
  Kills(PlayerPrefs.GetInt("PlayerKills"));
  TotalGold(PlayerPrefs.GetInt("PlayerTotalGold"));
  GoldSpent(PlayerPrefs.GetInt("PlayerGoldSpent"));
  Level(PlayerPrefs.GetInt("PlayerLevel"));
  RoundsWon(PlayerPrefs.GetInt("PlayerRoundsWon"));
  TimePlayed(PlayerPrefs.GetFloat("PlayerTimePlayed"));
}
```

업적을 화면에 표시

통계와 마찬가지로 새로운 메뉴를 만들어서 업적을 표시하려 한다. 먼저 변수 몇 개를 추가한다.

```
public bool showAchievements = false;
public Rect achRect = new Rect(Screen.width / 2, Screen.height / 2,
                               700, 700);
```

GUI 함수 추가

이제 화면에 업적을 표시할 함수를 추가할 차례다. 첫 번째 함수인 OnGUI 함수를 추가한다.

```
void OnGUI()
{
  if(showAchievements)
  {
    achRect = GUI.Window(0, achRect, AchGUI, "Achievements");
  }
}
```

통계 메뉴와 마찬가지로 업적 메뉴를 화면에 표시해야 할지 확인한다. showAchieve

ments가 참이면 화면에 표시하고 거짓이면 감춘다.

그런 다음에 OnGUI 함수가 호출할 AchGUI 함수를 추가한다. 좀 길지만 필요한 업적을 모두 표시할 수 있는 함수다. 통계 메뉴와 비슷하지만, 단순히 숫자만 표시하지 않고 버튼으로 표시한다는 차이가 있다. 보통 업적은 이미지를 사용해서 표시하므로 비슷하게나마 버튼을 사용하려 한다.

업적 버튼을 그리면서 버튼 위에 플레이어가 달성한 해당 업적의 단계를 숫자로 표시할 예정이다. 이제 새로운 함수를 추가해보자.

```
void AchGUI(int ID)
{
  GUILayout.BeginArea(new Rect(15, 25, 700, 700));

  GUILayout.BeginVertical();
  GUILayout.Label("Level");
  GUILayout.Label("Kills");
  GUILayout.Label("Total Gold");
  GUILayout.Label("Gold Spent");
  GUILayout.Label("Rounds Won");
  GUILayout.Label("Time Played");
  GUILayout.EndVertical();

  GUILayout.EndArea();

  GUILayout.BeginArea(new Rect(50, 25, 700, 700));

  GUILayout.BeginHorizontal();
  if(achLvl >= 1)
      GUILayout.Button("Level 1", GUILayout.Height(25),
                       GUILayout.Width(75));
  if(achLvl >= 2)
      GUILayout.Button("Level 2", GUILayout.Height(25),
                       GUILayout.Width(75));
  if(achLvl >= 3)
      GUILayout.Button("Level 3", GUILayout.Height(25),
                       GUILayout.Width(75));
```

```
if(achLvl >= 4)
    GUILayout.Button("Level 4", GUILayout.Height(25),
                        GUILayout.Width(75));
if(achLvl >= 5)
    GUILayout.Button("Level 5", GUILayout.Height(25),
                        GUILayout.Width(75));
if(achLvl >= 6)
    GUILayout.Button("Level 6", GUILayout.Height(25),
                        GUILayout.Width(75));
GUILayout.EndHorizontal();

GUILayout.BeginHorizontal();
if(achKills >= 1)
    GUILayout.Button("Kills 1", GUILayout.Height(25),
                        GUILayout.Width(75));
if(achKills >= 2)
    GUILayout.Button("Kills 2", GUILayout.Height(25),
                        GUILayout.Width(75));
if(achKills >= 3)
    GUILayout.Button("Kills 3", GUILayout.Height(25),
                        GUILayout.Width(75));
if(achKills >= 4)
    GUILayout.Button("Kills 4", GUILayout.Height(25),
                        GUILayout.Width(75));
if(achKills >= 5)
    GUILayout.Button("Kills 5", GUILayout.Height(25),
                        GUILayout.Width(75));
if(achKills >= 6)
    GUILayout.Button("Kills 6", GUILayout.Height(25),
                        GUILayout.Width(75));
GUILayout.EndHorizontal();
GUILayout.EndArea();

GUILayout.BeginArea(new Rect(90, 80, 700, 700));
GUILayout.BeginHorizontal();
if(achTotGold >= 1)
    GUILayout.Button("Total Gold 1", GUILayout.Height(25),
```

```
                         GUILayout.Width(75));
if(achTotGold >= 2)
    GUILayout.Button("Total Gold 2", GUILayout.Height(25),
                         GUILayout.Width(75));
if(achTotGold >= 3)
    GUILayout.Button("Total Gold 3", GUILayout.Height(25),
                         GUILayout.Width(75));
if(achTotGold >= 4)
    GUILayout.Button("Total Gold 4", GUILayout.Height(25),
                         GUILayout.Width(75));
if(achTotGold >= 5)
    GUILayout.Button("Total Gold 5", GUILayout.Height(25),
                         GUILayout.Width(75));
if(achTotGold >= 6)
    GUILayout.Button("Total Gold 6", GUILayout.Height(25),
                         GUILayout.Width(75));
GUILayout.EndHorizontal();

GUILayout.BeginHorizontal();
if(achGoldSpnt >= 1)
    GUILayout.Button("Gold Spent 1", GUILayout.Height(25),
                         GUILayout.Width(75));
if(achGoldSpnt >= 2)
    GUILayout.Button("Gold Spent 2", GUILayout.Height(25),
                         GUILayout.Width(75));
if(achGoldSpnt >= 3)
     GUILayout.Button("Gold Spent 3", GUILayout.Height(25),
                         GUILayout.Width(75));
if(achGoldSpnt >= 4)
    GUILayout.Button("Gold Spent 4", GUILayout.Height(25),
                         GUILayout.Width(75));
if(achGoldSpnt >= 5)
    GUILayout.Button("Gold Spent 5", GUILayout.Height(25),
                         GUILayout.Width(75));
if(achGoldSpnt >= 6)
    GUILayout.Button("Gold Spent 6", GUILayout.Height(25),
                         GUILayout.Width(75));
```

```
GUILayout.EndHorizontal();

GUILayout.BeginHorizontal();
if(achRndsW >= 1)
    GUILayout.Button("Rounds Won 1", GUILayout.Height(25),
                        GUILayout.Width(75));
if(achRndsW >= 2)
    GUILayout.Button("Rounds Won 2", GUILayout.Height(25),
                        GUILayout.Width(75));
if(achRndsW >= 3)
    GUILayout.Button("Rounds Won 3", GUILayout.Height(25),
                        GUILayout.Width(75));
if(achRndsW >= 4)
    GUILayout.Button("Rounds Won 4", GUILayout.Height(25),
                        GUILayout.Width(75));
if(achRndsW >= 5)
    GUILayout.Button("Rounds Won 5", GUILayout.Height(25),
                        GUILayout.Width(75));
if(achRndsW >= 6)
    GUILayout.Button("Rounds Won 6", GUILayout.Height(25),
                        GUILayout.Width(75));
GUILayout.EndHorizontal();

GUILayout.BeginHorizontal();
if(achTime >= 1)
    GUILayout.Button("Time Played 1", GUILayout.Height(25),
                        GUILayout.Width(75));
if(achTime >= 2)
    GUILayout.Button("Time Played 2", GUILayout.Height(25),
                        GUILayout.Width(75));
if(achTime >= 3)
    GUILayout.Button("Time Played 3", GUILayout.Height(25),
                        GUILayout.Width(75));
if(achTime >= 4)
    GUILayout.Button("Time Played 4", GUILayout.Height(25),
                        GUILayout.Width(75));
if(achTime >= 5)
```

```
        GUILayout.Button("Time Played 5", GUILayout.Height(25),
                        GUILayout.Width(75));
   if(achTime >= 6)
        GUILayout.Button("Time Played 6", GUILayout.Height(25),
                        GUILayout.Width(75));
   GUILayout.EndHorizontal();

   GUILayout.EndArea();
}
```

테스트용으로 업적의 단계를 저장할 변수를 public으로 만들고 다양한 값을 설정해 놨다. 스크립트를 카메라로 드래그하고 앞서 추가했던 통계 스크립트를 삭제한 뒤에 showAchievements의 값을 true로 설정한다. 신을 실행하면 다음과 같은 결과를 볼 수 있다.

물론 업적 단계 변수에 설정한 값에 따라 결과가 조금 다를 수 있다.

플레이 테스트

통계와 업적 GUI를 테스트하려면 화면에 표시할 값을 변경하고 변경한 값이 제대로 화면에 나타나는지 확인해봐야 한다. 그 밖에, Start 함수에서 통계에 관한 함수를 하나하나 호출하면서 제대로 동작하는지 확인해볼 수도 있다. 한 발 더 나아가, 추적할 통계와 표시할 업적을 추가해볼 수도 있다. 또 텍스트로 표시한 업적을 이미지로 바꿔서 멋지게 마무리할 수도 있다.

요약

6장에서는 통계를 추적하고, 저장하고, GUI 메뉴에 표시하는 방법을 배웠다. 통계를 추적할 수 있게 통계의 값을 변경하는 함수를 만들었고, 통계를 저장하는 스크립트를 작성하면서 PlayerPrefs의 특징과 사용법에 관해서도 배웠다. 또 업적 시스템을 구현하는 방법과 업적을 GUI 메뉴에 표시하는 방법도 배웠다.

7장에서는 게임을 세이브하는 기능을 추가하는 방법을 배운다. 언제든 플레이어가 원할 때 세이브할 수 있는 방식과 체크포인트에서만 세이브할 수 있는 방식, 이 두 가지 방식으로 게임의 데이터를 저장하려 한다. 또 텍스트 파일과 XML 파일을 모두 사용해서 저장할 예정이다.

7
세이브와 로드

게임 내에서 세이브[1]는 매우 중요한 기능이며 거의 모든 게임에서 볼 수 있는 기능이기도 하다. 개발자는 물론 플레이어에게 필요한 데이터까지 따져보면 기록해야 할 데이터의 종류는 셀 수 없을 정도로 많다. 파일을 사용하면 플레이어의 인벤토리, 적의 위치, 플레이어의 통계 등 다양한 데이터를 세이브, 로드할 수 있다. 유니티에서 사용할 수 있는 데이터 저장 방법은 여러 가지다. 6장에서 이미 `PlayerPrefs`를 사용해서 데이터를 세이브하고 로드하는 방법을 살펴봤다. 7장에서는 XML과 플랫 파일[2]의 사용법을 살펴본 뒤에 세이브, 로드 기능을 만들어보려 한다.

7장의 내용은 다음과 같다.

* 플랫 파일에 데이터 저장
* 플랫 파일에서 데이터 로드
* XML 파일에 데이터 저장
* XML 파일에서 데이터 로드
* 체크포인트 세이브 시스템 구현

---

1 '세이브'와 '저장'은 사실 같은 뜻이지만 세이브가 게이머에게 더 익숙한 용어인 만큼 게임 내에서 플레이어가 데이터를 저장하는 행위에 한해 세이브라는 용어를 그대로 사용한다. – 옮긴이

2 플랫 파일: 데이터베이스의 테이블 같은 자료구조를 쉼표나 콜론 등 구분자(separator)를 사용해서 텍스트 형태로 저장한 파일 형식을 말한다. – 옮긴이

- 항시 세이브 시스템 구현

플랫 파일에 데이터 저장

첫 번째이자 가장 흔한 데이터 저장 방법은 앞으로 소개할 플랫 파일을 사용하는 방식이다. 플랫 파일을 사용하면 게임의 데이터를 평범한 텍스트 파일로 저장한 뒤에 불러올 수 있다. 먼저 플랫 파일을 사용해서 플레이어의 위치와 6장에서 만든 통계를 함께 저장하려 한다. 새로운 C# 스크립트를 만들고 이름을 FLAT_Save_System으로 변경한다.

필요한 변수 추가

변수와 다른 코드를 추가하기 전에 필요한 using문을 추가해야 한다. 스크립트에 다음 using문을 추가한다.

```
using UnityEngine;
using System.Collections;
using System.Collections.Generic;
using System;
using System.IO;
using System.Text;
```

스크립트에서 사용할 변수는 public 변수 몇 개뿐이다. 스크립트에 다음 변수를 추가한다.

```
public string sFileName;
public string sDirectory;

public GameObject Player;
```

첫 번째 문자열은 저장하고 로드할 파일의 이름이다. 이때 파일 이름에 확장자도 들어가야 한다. 두 번째 문자열은 저장, 로드에 사용할 디렉터리의 이름이다. 나중에 예제를 테스트할 때는 파일을 찾기 쉽게 바탕화면^{Desktop} 디렉터리를 사용할 예정이다. 마지막 GameObject 변수는 플레이어를 나타낸다.

플랫 파일 저장

이제 플랫 파일에 저장할 수 있는 함수를 추가한다. 앞서 추가한 새로운 using문처럼 아직 이 책에서 언급한 적이 없는 코드를 사용해서 파일을 저장하려 한다. 스크립트에 다음 함수를 추가한다.

```
void WriteToFile(string file = "")
{
  if(file != "")
    sFileName = file;

  if(File.Exists(sDirectory + sFileName))
  {
    DeleteFile(sFileName);
  }

  using(StreamWriter sw = new StreamWriter(sDirectory + sFileName))
  {
    sw.WriteLine(PlayerPrefs.GetInt("PlayerKills").ToString());
    sw.WriteLine(PlayerPrefs.GetInt("PlayerDeaths").ToString());
    sw.WriteLine(PlayerPrefs.GetInt("PlayerTotalGold").ToString());
    sw.WriteLine(PlayerPrefs.GetInt("PlayerCurrentGold").ToString());
    sw.WriteLine(PlayerPrefs.GetInt("PlayerGoldSpent").ToString());
    sw.WriteLine(PlayerPrefs.GetInt("PlayerLevel").ToString());
    sw.WriteLine(PlayerPrefs.GetInt("PlayerRoundsWon").ToString());
    sw.WriteLine(PlayerPrefs.GetInt("PlayerRoundsLost").ToString());
    sw.WriteLine(PlayerPrefs.GetFloat("PlayerKDR").ToString());
    sw.WriteLine(PlayerPrefs.GetFloat("PlayerWLR").ToString());
    sw.WriteLine(PlayerPrefs.GetFloat("PlayerTimePlayed").ToString());
    sw.WriteLine(Player.transform.position.x.ToString());
    sw.WriteLine(Player.transform.position.y.ToString());
    sw.WriteLine(Player.transform.position.z.ToString());
  }
}
```

이 함수는 문자열을 인수로 받는다. 기본값으로 빈 문자열을 설정해뒀으므로 인수를 전달하지 않아도 함수를 호출할 수 있다. 함수에서는 먼저 인수로 받은 문자열이 빈 문자열인지 확인한다. 빈 문자열이 아니면 이 문자열을 새로운 파일 이름으로 사용한다. 빈 문자열이면 public 변수인 sFileName에 설정해놓은 파일 이름을 그대로 사용한다.

그런 다음에 이미 존재하는 파일인지 확인한다. 존재하는 파일이면 해당 파일을 삭제하는 함수를 실행한다. 파일 삭제 함수는 조금 뒤에 따로 만든다. 파일을 삭제해서 파일의 중복으로 인해 발생하는 문제 또는 올바르지 않은 이름의 파일이 만들어지는 문제를 미리 방지한다.

이제 파일을 생성하고 파일에 데이터를 저장하는 과정을 시작한다. 예제에서는 StreamWriter를 사용해서 파일에 데이터를 저장한다. 당장은 StreamWriter의 기본 기능만 사용하지만 StreamWriter 클래스의 다양한 옵션을 사용하면 데이터 저장 방법을 상세하게 설정할 수 있다.

StreamWriter를 사용하려면 파일을 기록할 경로 또는 스트림을 설정해야 한다. 예제에서는 스트림을 설정한 다음, 파일에 기록할 스트림에 줄 단위로 데이터를 추가한다. 줄 단위로 데이터를 추가하려면 StreamWriter 클래스에 들어있는 WriteLine 함수를 호출해야 한다. 호출할 때 저장하려는 변수를 문자열로 바꿔서 전달한다. 예제에서는 6장에서 설정한 PlayerPrefs의 값과 플레이어의 위치를 전달한다.

플랫 파일 삭제

다음으로 플랫 파일을 삭제할 수 있는 함수를 만든다. 스크립트에 다음 함수를 추가한다.

```
void DeleteFile(string file = "")
{
  File.Delete(sDirectory + file);
}
```

File 클래스에 들어있는 Delete 함수를 사용해서 파일을 삭제한다. 예제에서는 이 함수를 호출해서 파일을 삭제하기 전에 File 클래스의 Exists 함수를 사용해서 파일이 실제로 존재하는지 확인했었다. 삭제하는 파일은 디렉터리 변수와 파일 이름 변수의 값으로 만든 경로에 있는 파일이다.

플랫 파일 로드

플랫 파일시스템의 마지막 기능인 로드 기능을 추가한다.

파일 로드

지금까지 플랫 파일에 정보를 저장하는 기능을 만들었으므로 이제 플랫 파일의 정보를 불러오는 기능을 만들어야 한다. 여기서는 정보를 저장할 때 사용했던 방법과 비슷한 방법을 사용한다. 스크립트에 다음 함수를 추가한다.

```
void ReadFile(string file = "")
{
  if(file != "")
    sFileName = file;

  using(StreamReader sr = new StreamReader(sDirectory + sFileName))
  {
    int kills = Convert.ToInt32(sr.ReadLine());
    int deaths = Convert.ToInt32(sr.ReadLine());
    int totgold = Convert.ToInt32(sr.ReadLine());
    int curgold = Convert.ToInt32(sr.ReadLine());
    int level = Convert.ToInt32(sr.ReadLine());
    int rwon = Convert.ToInt32(sr.ReadLine());
    int rlost = Convert.ToInt32(sr.ReadLine());
    float pkdr = Convert.ToSingle(sr.ReadLine());
    float pwlr = Convert.ToSingle(sr.ReadLine());
    float ptime = Convert.ToSingle(sr.ReadLine());
    float x = Convert.ToSingle(sr.ReadLine());
    float y = Convert.ToSingle(sr.ReadLine());
    float z = Convert.ToSingle(sr.ReadLine());
    Player.transform.position = new Vector3(x, y, z);
  }
}
```

이 함수는 `StreamReader`를 사용해서 파일의 데이터를 불러온다. `StreamReader`는 `StreamWriter`와 매우 비슷하지만 데이터를 파일에 기록하지 않고 파일에서 불러온 다는 차이가 있다. 로드하려는 디렉터리와 파일 이름을 `StreamReader` 클래스로 전달 한다. 그런 다음 `StreamReader` 클래스의 `ReadLine` 함수를 사용해서 줄 단위로 데이 터를 읽어들인다. 읽어들인 줄을 각각 변수에 대입함으로써 데이터를 로드한다.

XML 저장 시스템

다음으로 배워볼 데이터 관리 방식은 XML 파일을 사용하는 저장과 로드다. 태그가 붙어있는 문자열로 이뤄진 XML 파일을 사용하면 데이터의 저장 방법을 더욱 상세하 게 지정할 수 있고 또 원하는 데이터를 훨씬 간단하게 저장하거나 불러올 수 있다. 새 로운 C# 스크립트를 만들고 이름을 XML_Save_System으로 변경한다. XML을 사용해 서 저장하고 불러오는 코드를 작성하려면 먼저 XML 파일을 만들어야 한다.

XML 파일 생성

노트패드++Notepad++라는 무료 텍스트 편집기를 사용해서 XML 파일을 만들려고 한다. 노트패드++는 지금처럼 간단한 XML 파일을 만들 때 매우 유용한 무료 프로그램으로, http://notepad-plus-plus.org에서 다운로드할 수 있다.

노트패드++를 실행하고, 먼저 화면 위쪽의 메뉴에서 **언어**Language를 선택한 후 드롭다 운에서 XML을 선택한다. 이렇게 해야 현재 작업 중인 문서에서 XML 언어를 사용할 수 있다.

이제 태그를 추가한다. 먼저 PlayerData라는 XML 파일을 만든다. 비어있는 편집 창 에 다음 그림에 나와 있는 태그를 입력한다.

첫 번째 태그는 루트 노드인 pData 태그다. pData 태그는 다른 노드와 데이터의 앵커로 쓰인다. 나머지 노드는 데이터를 저장하고 불러올 노드다. 루트 노드 안에 들어있기만 하다면 노드의 순서는 상관없다. **저장**^{Save} 버튼을 누르고 파일 이름에 PlayerData를 입력한다. 저장할 때 파일 이름 아래에 있는 파일 형식이 XML인지 확인한다.

이제 EnemyData라는 XML 파일을 만든다. 노트패드++에서 새로운 XML 파일을 열고 다음 그림에 나와 있는 태그를 입력한다.

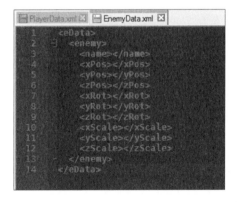

보다시피 새로 만든 XML 파일의 구조는 PlayerData XML 파일과 비슷하다. 루트 노드인 eData 안에 enemy 노드가 들어있다. 그리고 enemy 노드 안에 들어있는 나머지 노드는 클래스나 오브젝트의 정보를 저장하고 로드할 노드다. enemy 노드를 클래스로, 안에 들어있는 자식 노드를 클래스의 속성으로 생각할 수도 있다. eData 노드에 바로 데이터를 저장하지 않고 enemy 노드를 만든 이유는 하나의 XML 파일에 여러 적의 데이터를 각각 따로 저장할 생각이기 때문이다.

마지막으로 PlayerData와 같은 방식으로 XML 파일을 저장한다. 물론 파일 이름은 EnemyData여야 한다. 방금 만든 XML 파일 두 개를 테스트용으로 바탕화면에 복사한다. 보통 세이브 파일은 게임과 같은 디렉터리나 숨겨진 디렉터리에 저장해야 한다.

XML을 사용해서 데이터 저장

이제 XML 파일에 데이터를 저장하는 방법과 XML 파일에 만들어놓은 노드를 사용하는 방법을 살펴보자.

필요한 변수 추가

변수를 추가하기 전에 필요한 using문을 모두 추가해야 한다. 다음 using문을 스크립트에 추가한다.

```
using UnityEngine;
using System;
using System.Collections;
using System.Collections.Generic;
using System.Xml;
using System.Xml.Serialization;
using System.IO;
using System.Text;
```

그런 다음 스크립트에 변수를 추가한다. XML 저장 시스템은 플랫 파일시스템보다 더 많은 변수를 사용한다. XML 저장 시스템의 테스트를 목적으로 플레이어의 변환 데이터와 여러 적의 변환 데이터를 함께 저장하기 때문이다. 다음 변수를 스크립트에 추가한다.

```
XmlDocument xPlayer = new XmlDocument();
XmlDocument xEnemy = new XmlDocument();
public string pFileName = "";
public string eFileName = "";
public GameObject Player;
public GameObject[] Enemies;
```

앞쪽 두 개의 변수는 PC에 있는 XML 파일의 데이터를 불러와서 담아둘 XML 문서다. 다음 두 개의 문자열은 예제에서 사용할 XML 파일의 디렉터리와 확장자를 포함한 파일 이름이다. 마지막 두 개의 변수 중 첫 번째는 플레이어로 사용할 게임 오브젝트고, 두 번째는 적으로 사용할 게임 오브젝트의 배열이다.

플레이어의 데이터 저장

이제 플레이어의 데이터를 저장할 때 호출할 함수를 추가한다. 스크립트에 다음 함수를 추가한다.

```
void SavePlayer()
{
  if(Player != null)
  {
    XmlNode root = xPlayer.FirstChild;

    foreach(XmlNode node in root.ChildNodes)
    {
      switch(node.Name)
      {
      case "xPos":
        node.InnerText = Player.transform.position.x.ToString();
        break;
      case "yPos":
        node.InnerText = Player.transform.position.y.ToString();
        break;
      case "zPos":
        node.InnerText = Player.transform.position.z.ToString();
        break;
      case "xRot":
        node.InnerText = Player.transform.rotation.x.ToString();
        break;
      case "yRot":
        node.InnerText = Player.transform.rotation.y.ToString();
        break;
      case "zRot":
```

```
          node.InnerText = Player.transform.rotation.z.ToString();
          break;
        case "xScale":
          node.InnerText = Player.transform.localScale.x.ToString();
          break;
        case "yScale":
          node.InnerText = Player.transform.localScale.y.ToString();
          break;
        case "zScale":
          node.InnerText = Player.transform.localScale.z.ToString();
          break;
      }
    }
    xPlayer.Save(pFileName);
  }
}
```

이 함수를 호출하면 먼저 게임 오브젝트인 Player 변수가 null인지 확인한다. null
이면 데이터를 저장하지 않는다. null이 아니면 XML 문서의 루트 노드로 사용할
XmlNode 변수 root를 선언한다. 그런 다음, 루트 노드에 들어있는 모든 자식 노드를
확인하는 foreach 루프를 실행한다.

원하는 노드를 찾으려면 노드의 Name 속성과 XML 파일을 만들 때 입력한 노드의 이
름이 일치하는지 확인해야 한다. switch문을 통해 데이터를 저장할 노드를 찾는다.
플레이어의 게임 오브젝트에 들어있는 데이터 중에서 XML 노드에 저장해야 할 값을
해당 노드의 InnerText에 대입한다. 노드의 InnerText 속성은 노드의 데이터이자 앞
으로 저장하고 로드할 플레이어의 데이터에 해당한다.

마지막으로 XML 문서인 xPlayer의 Save 함수를 호출하면서 pFileName 변수에 설정
해놓은 디렉터리와 파일 이름을 전달한다.

적 데이터 저장

이제 적 데이터를 저장할 함수를 추가하려 한다. 이 함수는 플레이어의 데이터를 저
장하는 함수와 비슷하게 보일지도 모르지만, 다수의 적 데이터를 저장할 수 있게 만

들려 하므로 조금 더 복잡할 수밖에 없다. 스크립트의 SavePlayer 함수 아래에 다음 함수를 추가한다.

```
void SaveEnemies()
{
  xEnemy.RemoveAll();

  XmlNode eRoot = xEnemy.CreateNode(XmlNodeType.Element, "eData", "");
  string[] nodes = {"name", "xPos", "yPos", "zPos", "xRot", "yRot",
                     "zRot", "xScale", "yScale", "zScale"};

  for(int e = 0; e < Enemies.Length; e++)
  {
    if(Enemies[e] != null)
    {
      XmlNode eBase = xEnemy.CreateNode(XmlNodeType.Element, "enemy",
                                         "");

      for(int n = 0; n < nodes.Length; n++)
      {
        XmlNode newNode = xEnemy.CreateNode(XmlNodeType.Element, nodes[n],
                                             "");
        eBase.AppendChild(newNode);
      }

      foreach(XmlNode node in eBase.ChildNodes)
      {
        switch(node.Name)
        {
        case "name":
          node.InnerText = Enemies[e].name;
          break;
        case "xPos":
          node.InnerText = Enemies[e].transform.position.x.ToString();
          break;
        case "yPos":
          node.InnerText = Enemies[e].transform.position.y.ToString();
```

```
      break;
    case "zPos":
      node.InnerText = Enemies[e].transform.position.z.ToString();
      break;
    case "xRot":
      node.InnerText = Enemies[e].transform.rotation.x.ToString();
      break;
    case "yRot":
      node.InnerText = Enemies[e].transform.rotation.y.ToString();
      break;
    case "zRot":
      node.InnerText = Enemies[e].transform.rotation.z.ToString();
      break;
    case "xScale":
      node.InnerText = Enemies[e].transform. localScale.x.ToString();
      break;
    case "yScale":
      node.InnerText = Enemies[e].transform. localScale.y.ToString();
      break;
    case "zScale":
      node.InnerText = Enemies[e].transform. localScale.z.ToString();
      break;
    }
    eRoot.AppendChild(eBase);
  }
  xEnemy.AppendChild(eRoot);
 }
 }
 xEnemy.Save(eFileName);
}
```

첫 줄에서 XML 문서인 xEnemy의 RemoveAll 함수를 호출한다. 이 함수는 XML 문서의 모든 노드를 삭제한다. 적 데이터 중에 데이터를 저장할 적 노드를 찾는 번거로움을 피하고자 편의상 아예 삭제하고 새로 만들고자 한다. 그런 다음에 몇 개의 변수를 만든다. 첫 변수는 모든 적 데이터를 담을 루트 노드다. 두 번째 변수는 나중에 사용할 노드의 이름이 담긴 문자열 배열이다.

다음으로 for 루프를 사용해서 모든 적이 들어있는 게임 오브젝트 배열을 살펴본다. 먼저 배열 안에 실제로 적의 게임 오브젝트가 들어있는지 확인한다. 적 게임 오브젝트가 null이면 데이터를 저장하지 않는다.

게임 오브젝트가 null이 아닌지 확인하고 나서 XML 데이터를 생성하기 시작한다. 먼저 적 데이터의 루트 노드로 사용할 XmlNode 변수 eBase를 새로 만든다. 그런 다음, for 루프를 실행해서 데이터를 저장할 모든 자식 노드를 새로 만든다. for 루프 안에서 새로운 노드 하나를 만들고 자식 노드의 이름이 들어있는 문자열 배열 nodes의 원소를 순서대로 선택해서 새로 만든 노드의 이름으로 설정한 뒤에 루트 노드 eBase에 자식 노드로 추가하는 과정을 반복하면서 모든 자식 노드를 추가한다.

enemy 노드와 데이터를 저장할 자식 노드를 모두 만들었으니 각 노드에 데이터를 저장해보자. 플레이어의 데이터를 저장했을 때처럼 foreach 루프를 사용해서 eBase의 각 자식 노드의 이름을 확인한다.

원하는 노드를 찾고 나면 현재 적 게임 오브젝트의 데이터 중에서 해당 노드에 저장할 값을 노드의 InnerText에 대입한다. 모든 자식 노드에 값을 대입하고 나면 eBase 노드를 루트 노드에 추가한다. 적 게임 오브젝트 배열에 들어있는 모든 게임 오브젝트를 대상으로 이 과정을 수행해서 모든 적의 데이터를 저장한다.

마지막으로 xEnemy의 Save 함수를 호출해서 데이터를 EnemyData XML 파일에 저장한다.

XML을 사용해서 데이터 로드

XML의 사용법을 배우는 마지막 단계로, 방금 XML 문서에 저장했던 게임 데이터를 로드한다. XML 데이터를 로드하다 보면 플랫 파일에서 데이터를 로드하는 과정과 비슷하다는 생각이 들 것이다. 분명한 차이점은 데이터를 줄 단위로 읽어들이지 않고 저장해놓은 데이터 중에 원하는 부분만 불러온다는 점이다.

플레이어 데이터 로드

스크립트 파일의 SavePlayer 함수와 SaveEnemies 함수 사이에 다음과 같이 플레이어의 데이터를 로드하는 함수를 추가한다.

```
void LoadPlayer()
{
  float xPos = 0.00f;
  float yPos = 0.00f;
  float zPos = 0.00f;
  float xRot = 0.00f;
  float yRot = 0.00f;
  float zRot = 0.00f;
  float xScale = 0.00f;
  float yScale = 0.00f;
  float zScale = 0.00f;

  if(Player != null)
  {
    XmlNode root = xPlayer.FirstChild;
    foreach(XmlNode node in root.ChildNodes)
    {
      switch(node.Name)
      {
      case "xPos":
        xPos = Convert.ToSingle(node.InnerText);
        break;
      case "yPos":
        yPos = Convert.ToSingle(node.InnerText);
        break;
      case "zPos":
        zPos = Convert.ToSingle(node.InnerText);
        break;
      case "xRot":
        xRot = Convert.ToSingle(node.InnerText);
        break;
      case "yRot":
        yRot = Convert.ToSingle(node.InnerText);
```

```
        break;
      case "zRot":
        zRot = Convert.ToSingle(node.InnerText);
        break;
      case "xScale":
        xScale = Convert.ToSingle(node.InnerText);
        break;
      case "yScale":
        yScale = Convert.ToSingle(node.InnerText);
        break;
      case "zScale":
        zScale = Convert.ToSingle(node.InnerText);
        break;
      }
    }

    Player.transform.position = new Vector3(xPos, yPos, zPos);
    Player.transform.rotation = new Quaternion(xRot, yRot, zRot, 0.00f);
    Player.transform.localScale = new Vector3(xScale, yScale, zScale);
  }
}
```

데이터를 로드하기 전에 플레이스홀더 변수를 몇 개 만들어야 한다. 나중에 플레이어 게임 오브젝트로 로드할 데이터를 XML 문서에서 불러온 뒤에 저장해놓는 용도로 사용할 변수다. 그런 다음, 플레이어의 게임 오브젝트가 null인지 확인하는 안전장치를 거친 뒤에 데이터 로드를 시작한다.

데이터를 로드할 때는 먼저 XML 문서인 xPlayer의 루트에 해당하는 XmlNode를 생성한다. 이어서 foreach 루프를 실행해서 루트 노드에 들어있는 모든 자식 노드를 확인한다. 그리고 각 자식 노드의 InnerText 값을 앞서 만든 플레이스홀더 변수에 대입한다. 문자열을 부동소수점 변수에 바로 대입할 수 없으므로 Convert 메소드를 사용해서 문자열인 InnerText 값을 부동소수점으로 변환한다.

XML 문서에서 플레이스홀더 변수로 데이터를 모두 로드하고 나면, 이제 로드한 데이터를 플레이어의 게임 오브젝트에 대입한다. 마지막으로 로드한 위치, 회전, 배율 값을 플레이어에게 적용해서 변환을 수행한다.

적 데이터 로드

이제 EnemyData XML 문서에서 적 데이터를 로드할 차례다. 로드 과정은 플레이어 데이터를 로드할 때와 비슷하지만 여러 개의 게임 오브젝트를 로드해야 하므로 코드가 조금 달라질 수밖에 없다. 스크립트의 SaveEnemies 함수 아래에 다음 함수를 추가한다.

```
void LoadEnemies()
{
  string name = "";
  float xPos = 0.00f;
  float yPos = 0.00f;
  float zPos = 0.00f;
  float xRot = 0.00f;
  float yRot = 0.00f;
  float zRot = 0.00f;
  float xScale = 0.00f;
  float yScale = 0.00f;
  float zScale = 0.00f;

  for(int e = 0; e < Enemies.Length; e++)
  {
    if(Enemies[e] != null)
    {
      XmlNode eData = xEnemy.FirstChild;

      XmlNode enemy = eData.ChildNodes[e];

      if(enemy.Name == "enemy")
      {
        foreach(XmlNode eNode in enemy.ChildNodes)
        {
          switch(eNode.Name)
          {
          case "name":
            name = eNode.InnerText;
            break;
```

```
        case "xPos":
          xPos = Convert.ToSingle(eNode.InnerText);
          break;
        case "yPos":
          yPos = Convert.ToSingle(eNode.InnerText);
          break;
        case "zPos":
          zPos = Convert.ToSingle(eNode.InnerText);
          break;
        case "xRot":
          xRot = Convert.ToSingle(eNode.InnerText);
          break;
        case "yRot":
          yRot = Convert.ToSingle(eNode.InnerText);
          break;
        case "zRot":
          zRot = Convert.ToSingle(eNode.InnerText);
          break;
        case "xScale":
          xScale = Convert.ToSingle(eNode.InnerText);
          break;
        case "yScale":
          yScale = Convert.ToSingle(eNode.InnerText);
          break;
        case "zScale":
          zScale = Convert.ToSingle(eNode.InnerText);
          break;
      }

      Enemies[e].name = name;
      Enemies[e].transform.localPosition
              = new Vector3(xPos, yPos,zPos);
      Enemies[e].transform.localRotation
              = new Quaternion(xRot, yRot, zRot, 0.00f);
      Enemies[e].transform.localScale
              = new Vector3(xScale, yScale, zScale);
    }
```

```
                }
            }
        }
}
```

플레이어 데이터를 로드했을 때처럼 플레이스홀더 변수를 만든다. 그런 다음 for 루프를 사용해서 모든 적 게임 오브젝트가 들어있는 배열을 순환하며 게임 오브젝트가 null인지 아닌지 확인한 뒤에 데이터 로드 과정을 진행한다.

먼저 루트 노드인 eData를 만든 뒤에 enemy 노드를 만든다. enemy 노드가 EnemyData XML 파일에 들어있는 하나의 적과 일치하게 하려 하므로 루트 노드의 현재 자식 노드를 enemy 노드에 대입한다. for 루프의 반복자를 그대로 사용해서 자식 노드의 순서대로 적 게임 오브젝트를 로드한다.

그런 다음에 enemy 노드의 Name 속성 값이 enemy인지 확인한다. 즉 실제로 적 데이터가 들어있는 노드인지 확인한다. 그리고 foreach 루프를 사용해서 enemy 노드의 자식 노드를 모두 확인하면서 플레이스홀더 변수에 원하는 노드의 데이터를 대입한다.

데이터 로드의 마지막 단계로, 플레이스홀더 변수의 데이터를 적 배열의 현재 게임 오브젝트에 대입한다. 첫 for 루프를 시작으로 데이터를 로드할 게임 오브젝트 배열의 원소를 택하는 과정까지 같은 반복자 e를 사용해서 XML에 들어있는 적과 적의 데이터를 올바르게 로드하는 코드다.

SaveHandler 스크립트 생성

이제 방금 만든 두 스크립트의 함수를 호출할 수 있는 스크립트를 만들 차례다. 첫 번째로 게임 내의 특정 장소에서만 게임 데이터를 세이브할 수 있는 체크포인트 시스템을 만든다. 그런 다음 플레이어가 원할 때마다 데이터를 저장할 수 있는 항시 세이브 시스템을 만든다. 먼저 새로운 스크립트를 생성하고 이름을 SaveHandler로 변경한다.

체크포인트 세이브 시스템

첫 번째로 만들 세이브 방식은 체크포인트 시스템이다. 일반적으로 체크포인트는 게임 세계 내의 특정 영역을 말하며 플레이어는 이 영역에 도달해야 데이터를 저장할 수 있다. 다음과 같이 체크포인트에서 세이브할 수 있는 함수를 추가한다.

```
void OnTriggerEnter(Collider other)
{
  if(other.tag == "SavePoint")
  {
    Camera.main.SendMessage("WriteToFile");
    Destroy(other.gameObject);
  }
}
```

이 함수는 트리거를 기반으로 데이터를 저장한다. 즉 플레이어가 트리거 영역에 들어서면 자동으로 플레이어의 데이터를 저장한다. if문 안에서 호출하는 저장 함수는 플랫 파일 방식이든 XML 방식이든 상관없다. 단 이 함수는 저장 후에 트리거 오브젝트를 파괴하므로 플레이어가 한 체크포인트를 두 번 사용할 수 없다는 점에 주의해야 한다.

항시 세이브 시스템

플레이어가 위치와 시간에 상관없이 데이터를 세이브할 수 있게 하려면 자유롭게 호출할 수 있는 세이브 수단을 추가해야 한다. 메뉴에 플레이어가 누를 키나 버튼을 추가하면 해결할 수 있다. 예를 들어 플레이어가 키보드의 키를 눌러서 세이브하거나 로드할 수 있게 하고 싶다면 다음과 같은 함수를 추가한다.

```
void Update()
{
  if(Input.GetKeyUp(KeyCode.F1))
  {
    Camera.main.SendMessage("SaveEnemies");
  }
  if(Input.GetKeyUp(KeyCode.F2))
```

```
    {
      Camera.main.SendMessage("LoadEnemies");
    }
}
```

플레이어가 F1 키를 누르면 XML 저장 시스템의 SaveEnemies 함수를 호출한다. 플레이어가 F2 키를 누르면 XML 저장 시스템의 LoadEnemies 함수를 호출한다. 이런 기능을 만들어두면 플레이어는 언제든 자신의 진행 상황을 세이브할 수 있다.

플레이 테스트

먼저 테스트 신을 만들어보자. 새로운 신을 만들고 이름을 Saving and Loading Example로 변경한다. 신의 메인 카메라를 플레이어로 사용하려 한다. 그리고 적으로 사용할 게임 오브젝트가 두 개 이상 필요하다. 적으로 사용할 큐브 두 개를 만들어서 임의의 위치에 배치한다. 그리고 적의 이름을 각각 Enemy1, Enemy2로 변경한다. 다음 그림은 이렇게 만든 신의 모습이다.

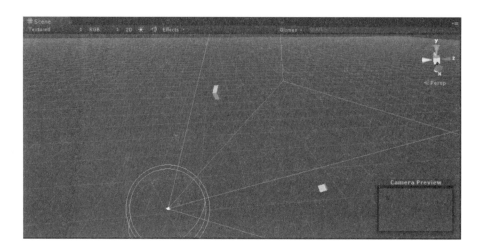

카메라의 위치와 적으로 사용할 박스의 위치는 어디든 상관없다. 적 오브젝트가 두 개 이상이기만 하면 세이브, 로드 기능을 테스트하기에 충분하다. 그런 다음, 메인 카메라에 스크립트를 추가한다. 먼저 Flat_Save_System 스크립트를 드래그해서 메인 카메라에 추가한다.

메인 카메라에 추가한 Flat_Save_System 스크립트의 인스펙터 창에서 **SFile Name** 옆에 저장할 파일 이름을 입력한다. 예제에서는 PlayerData.txt로 입력했다. 그리고 저장할 디렉터리를 지정하는 **SDirectory**에 바탕화면을 가리키는 C:\Users\USERNAME\Desktop\을 입력한다. 이때 USERNAME 위치에 사용 중인 컴퓨터의 사용자 이름을 입력해야 한다. 마지막으로 **Player** 옆의 빈 슬롯으로 메인 카메라를 드래그한다. 여기까지 마쳤다면 인스펙터 창이 다음과 같은 모습이어야 한다.

이제 XML_Save_System 스크립트를 드래그해서 메인 카메라에 추가한다. 인스펙터 창의 **PFileName**에 C:\Users\USERNAME\Desktop\PlayerData.xml을 입력한다. **EFile Name**에도 파일 이름만 EnemyData.xml로 바꿔서 똑같이 입력한다. 메인 카메라를 **Player** 옆의 슬롯으로 드래그한다. **Enemies** 드롭다운을 열고 신에 만들어놓은 적의 수를 입력한다. 마지막으로 적 게임 오브젝트를 **Enemies** 배열로 드래그한다. 여기까지 마친 인스펙터 창의 모습은 다음과 같다.

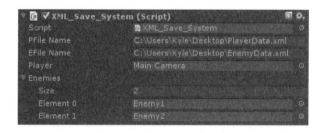

마지막으로 SaveHandler 스크립트를 메인 카메라로 드래그한다. 그리고 테스트를 시작한다. 신을 실행한 뒤에 F1 키를 눌러서 적의 변환 정보를 저장한다. 이제 신을 클릭한 뒤에 적 게임 오브젝트를 다른 곳으로 옮기고, 회전시키고, 크기를 변경해본다. 할 만큼 해봤으면 F2 키를 누른다. 적 게임 오브젝트가 원래대로 돌아갈 것이다.

EnemyData.xml 파일을 열어보면 다음 그림처럼 각 노드에 값이 채워져 있다. 물론 테스트 환경에 따라 값의 크기나 적의 수는 다를 수 있다.

플랫 파일시스템을 테스트하려면 SaveHandler 스크립트를 약간 수정해야 한다. Update 함수의 SaveEnemies, LoadEnemies를 각각 WriteToFile, ReadFile로 수정한다. 테스트 신을 실행하고 다시 F1을 눌러서 세이브하면 바탕화면에 PlayerDate.txt 파일이 새로 만들어진다. 이 파일을 열면 숫자가 몇 줄 들어있을 것이다. 이 숫자가 게임에서 저장한 변수 값에 해당한다.

플랫 파일로 저장한 세이브 파일을 플레이어가 쉽게 열어보거나 수정하지 못하게 하려면 확장자를 바꿔줘야 한다. .txt로 저장하지 않고 .save나 기타 원하는 확장자로 바꿔서 저장하면 플레이어가 세이브 파일을 열어보려 해도 컴퓨터는 파일을 여는 방법을 알지 못한다. 하지만 게임은 여전히 이 파일을 사용할 수 있다.

요약

7장을 통해 두 종류의 세이브 시스템을 구현하는 방법을 배웠다. 먼저 플랫 파일을 사용해서 세이브, 로드하는 방법을 배운 뒤에 XML을 사용해서 세이브, 로드를 사용하는 방법을 배웠다. 또 노트패드++를 사용해서 XML을 만드는 방법도 살펴봤다.

8장에서는 게임의 사운드를 구현하는 방법을 배운다. 배경음악, 주변 소리, 음향 효과를 살펴볼 예정이다. 또 배경음악과 주변 소리를 임의로 재생하는 방법과 플레이리스트 방식으로 재생하는 방법을 모두 만들어본다.

8
소리

8장에서는 게임에 소리를 추가하는 다양한 방법을 배운다. 배경음악, 주변 소리, 이벤트 기반 음향 효과를 함께 사용하면 훨씬 실감 나는 게임을 만들 수 있다. 소리는 플레이어가 게임 세계에서 받는 느낌을 좌우하는 중요한 역할을 하며 그래픽 못지 않게 게임의 분위기 연출에서 큰 비중을 차지한다.

8장에서는 다음과 같은 내용을 배운다.

- 임의 재생 시스템을 만드는 방법
- 플레이리스트 방식의 재생 시스템을 만드는 방법
- 주변 소리를 처리하는 방법
- 이벤트 기반 음향 효과 시스템을 만드는 방법

배경음악

첫 번째로 소개할 소리는 배경음악이다. 배경음악을 통해 원하는 분위기를 조성하거나 플레이어가 의식하지 못하는 즐거움을 줄 수 있다. 심지어 배경음악이 게임의 진행 방식을 좌우하는 게임도 있다. 임의로 또는 플레이리스트 방식으로 배경음악을 재생할 수 있는 재생 시스템을 만들어보려 한다.

임의 재생 시스템 생성

배경음악 재생 시스템을 만드는 첫 단계로 새로운 C# 스크립트를 만들고 이름을 BG_Music_Manager로 변경한다. 스크립트를 작성하기 전에 스크립트의 맨 위쪽에 다음 using문을 추가한다.

```
using System.Collections.Generic;
```

리스트를 사용하려면 꼭 필요한 using문이다. 그런 다음, 스크립트에 몇 개의 변수를 추가한다.

```
public List<AudioClip> SongList = new List<AudioClip>();
public float bgVolume = 1.00f;
public int curSong = 0;
public int ranMin, ranMax;
public bool playRandomly = false;
```

첫 번째 변수는 게임에서 재생하고 싶은 음악에 해당하는 AudioClip을 저장할 리스트다. 다음 변수는 음악의 크기, 즉 볼륨을 나타내는 부동소수점 변수다. 정수 변수인 curSong은 플레이리스트 시스템을 구현할 때 음악을 가리키는 인덱스로 사용할 변수다. 그다음 두 개의 정수 변수는 임의 재생 시스템에서 사용할 최솟값, 최댓값을 나타내는 변수다. 마지막 변수는 배경음악 재생 시스템을 선택하는 데 사용할 불리언 변수다. 이제 리스트의 음악 중에서 임의로 선택해 음악을 재생하는 함수를 추가한다.

```
void PlayRandom()
{
  if(!audio.isPlaying)
  {
    audio.clip = SongList[Random.Range(ranMin, ranMax)];
    audio.Play();
  }
}
```

음악을 재생하기 전에 지금 재생 중인 음악이 있는지 확인한다. 재생 중인 음악이 없다면 음악을 선택해서 재생한다. 이때 AudioClip 리스트에서 임의로 하나의 음악을 선택한다. 앞서 만든 최솟값, 최댓값 변수를 Random 클래스의 Range 함수에 전달하면 두 변수 사이에 있는 임의의 수를 얻을 수 있다. 그런 다음 이렇게 선택한 음악을 재생한다.

플레이리스트 재생 시스템 추가

다음으로 플레이리스트를 재생하는 함수를 추가한다.

```
void Playlist()
{
  if(!audio.isPlaying)
  {
    if(curSong > SongList.Capacity)
    {
      curSong = 0;
    }
    else
    {
      curSong++;
    }
    audio.clip = SongList[curSong];
    audio.Play();
  }
}
```

이 함수를 실행하면 먼저 음악이 이미 재생 중인지 확인한다. 다른 음악이 재생 중이면 끝날 때까지 기다린다. 재생 중인 음악이 없으면 나머지 코드를 실행한다. 코드를 실행할 때 앞서 만든 인덱스 변수를 사용한다. 인덱스 값이 리스트에 들어있는 음악의 개수보다 크면 인덱스를 0으로 리셋한다.

인덱스 변수의 값이 리스트에 들어있는 음악의 개수보다 작으면 인덱스에 1을 더한 뒤에 음악을 선택하는 단계로 넘어간다. AudioClip 리스트에서 재생할 음악을 선택한 뒤에 게임 오브젝트의 AudioSource 컴포넌트의 clip 속성에 대입한다. 마지막으로 AudioSource의 Play 함수를 호출해서 음악을 재생한다.

배경음악 재생 시스템 마무리

지금까지 두 종류의 음악 재생 시스템을 만들어봤다. 기능을 몇 개 더 추가해서 스크립트를 마무리하려 한다. 먼저 스크립트 실행에 필요한 Start 함수와 Update 함수를 만든다.

```
void Start()
{
  audio.volume = bgVolume;
  ranMax = SongList.Count;
}

void Update()
{
  if(playRandomly)
    PlayRandom();
  else
    Playlist();
}
```

Start 함수에서는 AudioSource의 volume에 볼륨을 나타내는 변수 bgVolume을 대입한다. 그런 다음 임의 재생 기능에 사용할 최댓값 변수 ranMax에, 리스트에 들어있는 음악의 개수를 대입한다. Update 함수에서는 실제로 음악을 재생할 함수를 호출한다. 앞서 만든 불리언 변수를 확인해서 임의 재생 시스템과 플레이리스트 시스템 중 사용할 시스템을 선택한다.

이번에는 노래 한 곡을 반복해서 재생할 수 있는 기능을 스크립트에 추가하려 한다. 스크립트에 다음 함수를 추가한다.

```
void PlayRepeat(AudioClip Song)
{
  audio.clip = Song;
  audio.loop = true;
  audio.Play();
}
```

이 함수는 재생할 음악에 해당하는 AudioClip 변수를 인수로 받는다. 인수로 받은 음악을 AudioSource의 clip에 대입하고 loop 속성에 참을 대입한 뒤에 재생한다.

마지막으로 pitch 속성을 사용해서 음악의 재생 속도를 변경할 수 있는 기능을 추가한다. 스크립트에 다음 함수를 추가한다.

```
void ChangeSpeed(float Speed)
{
  if(Speed > 3)
    Speed = 3;

  if(Speed < -3)
    Speed = -3;

  audio.pitch = Speed;
}
```

이 함수는 음악의 재생 속도를 나타내는 부동소수점 값을 인수로 받는다. 속도의 최 댓값은 3, 최솟값은 -3이고 기본값은 1이다. 이 함수를 호출하면 새로운 속도가 원하는 범위 안에 속하는지 검증하는 과정을 거친다. 값의 검증이 끝나면 AudioSource의 pitch에 새로운 속도를 대입한다.

주변 소리

이제 주변 소리^{atmospheric sounds, ambient sounds}를 처리하는 시스템을 만들고자 한다. 주변 소리란 게임에 더욱 몰입하게 만들 목적으로 재생하는 음향 효과를 말한다. 주변 소리의 예로는 황야에서 불어오는 바람 소리, 술집의 왁자지껄한 대화 소리, 한참 달리고 난 뒤 캐릭터가 내쉬는 거친 숨소리 등을 들 수 있다.

스크립트와 변수 생성

먼저 새로운 스크립트를 만들고 이름을 ATM_Manager로 변경한다. 그런 다음에 주변 소리를 재생할 때 사용할 변수 몇 개를 추가한다.

```
public List<AudioClip> tmpList = new List<AudioClip>();
```

```
public List<string> keys = new List<string>();
public List<KeyValuePair<string, AudioClip>> atmList
        = new List<KeyValuePair<string, AudioClip>>();
public float atmVolume = 1.00f;
```

앞쪽 세 개의 변수는 리스트다. 첫 번째 리스트는 사용할 사운드 파일을 담을 Audio
Clip 리스트다. 두 번째는 코드에서 사용할 사운드 파일의 이름을 나타내는 문자열
리스트다. 세 번째는 방금 만든 문자열과 AudioClip 변수를 함께 넣을 KeyValuePair
리스트로 실제로 코드에서 음악을 재생할 때 사용할 리스트다. 그리고 마지막 변수는
사운드의 볼륨을 나타낸다.

변수 초기화

리스트를 초기화하는 Start 함수를 만들어 코드에서 사용할 리스트에 기본값을 채우
려 한다. Start 함수에 다음 코드를 추가한다.

```
void Start()
{
  audio.volume = atmVolume;
  int i = 0;
  atmList.Capacity = keys.Capacity;
  foreach(AudioClip ac in tmpList)
  {
    atmList.Add(new KeyValuePair<string, AudioClip>(keys[i], ac));
    i++;
  }
}
```

먼저 AudioSource의 volume 속성에 볼륨을 나타내는 변수인 atmVolume을 대입한
다. 그런 다음에 for 루프의 반복자를 생성한다. 그리고 코드에서 사용할 리스트인
atmList의 크기를 문자열 리스트의 크기와 같게 잡아준다. 이제 앞서 만든 리스트 ac
에 들어있는 모든 오디오 클립을 확인할 foreach 루프를 실행한다. 루프를 통해 모든
오디오 클립을 확인하며 코드에서 사용할 주변 소리의 이름을 키로, 해당 AudioClip
을 값으로 하는 새로운 KeyValuPair를 atmList 리스트에 추가한다.

주변 소리 재생

두 가지 방식으로 주변 소리를 재생해보려 한다. 첫 번째는 소리를 반복해서 재생하는 방식으로 빗소리나 바람 소리 등을 들려줄 때 유용하다. 스크립트에 다음 함수를 추가한다.

```
void PlayRepeat(string atmSong)
{
  for(int i = 0; i < atmList.Count; i++)
  {
    if(atmList[i].Key == atmSong)
    {
      audio.clip = atmList[i].Value;
      break;
    }
  }

  audio.loop = true;
  audio.Play();
}
```

이 함수는 재생할 사운드를 선택할 때 사용할 문자열을 인수로 받는다. 이때 문자열의 의미와 실제 사운드를 잘 엮어놓으면, 즉 빗소리를 주변 소리로 재생하려 할 때 KeyValuePair의 키를 Rain으로, 값을 빗소리 파일에 해당하는 AudioClip으로 저장하면 이렇게 문자열을 인수로 전달하는 의도를 제대로 살릴 수 있다.

PlayRepeat 함수는 for 루프를 사용해서 KeyValuePair 리스트를 살펴본다. KeyValuePair 리스트에 들어있는 키 중 하나가 PlayRepeat로 전달한 문자열과 같다면 해당 KeyValuePair의 값을 AudioSource의 clip 속성에 대입해서 재생할 AudioClip으로 사용한다. break를 통해 for 루프를 빠져나오면 AudioSource의 loop 속성을 참으로 설정한 뒤에 사운드를 재생한다.

이제 반복 없이 사운드를 재생할 수 있는 함수를 추가하려 한다. 다음 함수를 스크립트에 추가한다.

```
void Play(string atmSong)
```

```
{
  for(int i = 0; i < atmList.Count; i++)
  {
    if(atmList[i].Key == atmSong)
    {
      audio.clip = atmList[i].Value;
      break;
    }
  }

  audio.loop = false;
  audio.Play();
}
```

이 함수의 동작 방식은 PlayRepeat와 같지만 AudioSource의 loop 속성을 거짓으로 설정한다는 차이가 있다. loop 속성이 참이 아니면 사운드를 딱 한 번만 재생한다.

음향 효과

이벤트 기반 시스템을 만들어서 아주 간단하게 음향 효과를 재생하려 한다. 음향 효과는 아이템, 이벤트, 캐릭터에 생명을 불어넣는다. 총을 쏠 때 울리는 큰 총소리, 캐릭터가 벽을 타고 오를 때 숨이 차 헐떡이는 소리, 메뉴 항목에 마우스를 올려놨을 때 들리는 알림 소리 등이 모두 음향 효과에 해당한다. 음향 효과는 게임에 더욱 몰입할 수 있게 해주며 재생 방법도 매우 간단하다.

스크립트와 변수 생성

먼저 C# 스크립트를 만들고 이름을 SFX_Manager로 변경한다. 그리고 스크립트에 몇 개의 변수를 추가한다.

```
public float sfxVolume = 1.00f;
public AudioClip Run, Spell, Strike;
```

첫 번째 변수는 이제 상당히 눈에 익을 것이다. 바로 볼륨으로 사용할 변수다. 다음은 몇 개의 오디오 클립이다. 8장의 예제는 테스트용으로 세 개의 음향 효과를 사용한다. 이제 음향 효과의 볼륨을 설정할 차례다. 다음 Start 함수를 스크립트에 추가한다.

```
public void Start()
{
  audio.volume = sfxVolume;
}
```

볼륨 설정을 끝냈으면 음향 효과를 재생하는 함수를 추가한다.

```
public void pRun()
{
  if(!audio.isPlaying)
  {
    audio.clip = Run;
    audio.Play();
  }
}


public void pSpell()
{
  audio.clip = Spell;
  audio.Play();
}


public void pStrike()
{
  audio.clip = Strike;
  audio.Play();
}
```

음향 효과를 재생하려면 이 함수를 호출해야 한다. 달리는 음향 효과를 중간에 끊지 않고 이어지듯이 재생하려면 재생하기 전에 이미 재생 중인지 확인하는 과정을 거쳐야 한다. 이렇게 하면 달리는 음향 효과를 계속 반복해서 재생하는 듯한 착각을 준다. 나머지 음향 효과는 clip 속성에 대입하고 재생하기만 한다.

플레이 테스트

테스트용으로 유니티 에셋 스토어에서 음향 효과, 배경음악, 주변 소리로 사용할 사운드를 몇 개 구하려 한다. 8장의 예제에 쓰기 적당한 무료 에셋을 골라보면 다음과 같다.

- **미래 지향적인 무기 소리**: https://www.assetstore.unity3d.com/en/#!/content/15644
- **발걸음 소리**: https://www.assetstore.unity3d.com/en/#!/content/2924
- **판타지 음악 모음**: https://www.assetstore.unity3d.com/en/#!/content/15901
- **전투 배경음악 모음**: https://www.assetstore.unity3d.com/en/#!/content/7208
- **주변 소리 예제**: https://www.assetstore.unity3d.com/en/#!/content/3765

먼저 빈 게임 오브젝트를 만들고 이름을 RunningSource로 변경한다. 인스펙터 창에서 **Add Component, Audio, AudioSource**를 차례로 선택해 오디오 소스를 추가한다. 그런 다음 빈 게임 오브젝트에 SFX_Manager 스크립트를 추가한다. 스크립트의 인스펙터 창에서 다음과 같이 설정한다.

- **Sfx Volume**을 1로 설정한다.
- **Run**을 footsteps_run_carpet_1로 설정한다.
- **Spell**을 shot_hand_gun으로 설정한다.
- **Strike**를 whoosh_power_fist로 설정한다.

이제 SFX_Manager 스크립트를 열고 Update 함수를 추가한다.

```
public void Update()
{
  if(Input.GetKey(KeyCode.W))
    pRun();
  if(Input.GetButtonUp("Fire1"))
    pStrike();
  if(Input.GetButtonUp("Fire2"))
    pSpell();
}
```

신을 실행하고 마우스 왼쪽 버튼을 클릭하면 공격 음향 효과를 재생한다. 마우스 오른쪽 버튼을 클릭하면 마법 음향 효과를 재생한다. 마지막으로 W 키를 누르면 달리는 음향 효과를 재생한다.

주변 소리를 테스트하려면 빈 게임 오브젝트를 하나 더 만들어야 한다. 빈 게임 오브젝트를 하나 더 만들어서 이름을 AtmSource로 변경하고, AudioSource를 추가하고, ATM_Manager 스크립트를 추가한다. 그리고 스크립트의 인스펙터 창에서 다음과 같이 설정한다.

- Tmp List의 Size를 1로 설정한다.
- Tmp List의 Element 0을 RainLoop1 - 29 Seconds로 설정한다.
- Keys의 Size를 1로 설정한다.
- Keys의 Element 0에 Rain을 입력한다.
- Atm Volume을 0.75로 설정한다.

마지막으로 ATM_Manager 스크립트에 들어있는 Start 함수의 맨 끝에 다음 코드를 추가한다.

```
PlayRepeat(atmListt[0].Key);
```

이제 신을 실행하면 빗소리가 들린다. 마지막으로 배경음악을 테스트해보자. 배경음악을 테스트하는 방법은 주변 소리를 테스트했던 방법과 비슷하다. 먼저 새로 빈 게임 오브젝트를 만들고 이름을 BGMusicSource로 변경한다. 그리고 차례로 AudioSource와 BG_Music_Manager 스크립트를 추가한다. 스크립트의 인스펙터 창에서 다른 내용은 그대로 두고 Song List만 다음과 같이 변경한다.

- Song List의 Size를 1로 설정한다.
- Song List의 Element 0을 maintheme_1_the_combat_collection으로 설정한다.

BG_Music_Manager 스크립트를 열고 Start 함수의 맨 끝에 다음 코드를 추가한다.

```
PlayRepeat(SongList[0]);
```

이제 신을 실행하면 지금까지 추가한 소리가 모두 들려야 한다. 배경음악과 주변 소리가 들려야 하고 마우스 버튼이나 W 키를 누르면 음향 효과도 들려야 한다.

요약

8장을 통해 배경음악, 주변 소리, 음향 효과를 재생하는 방법을 배웠다. 임의 재생 시스템과 플레이리스트 재생 시스템, 두 개의 재생 시스템을 만들어서 배경음악을 재생해봤다. 주변 소리는 `KeyValuePair`를 사용해서 간단하게 재생해봤다. 또 간단하지만 효율적인 이벤트 기반 시스템을 만들어서 음향 효과를 재생해봤다.

9장에서는 게임을 최적화하는 방법에 관해 살펴보기로 한다. 플랫폼에 상관없이 게임을 효과적이고 원활하게 만들어주는 그래픽, 사운드, 기타 다양한 설정의 변경 방법을 설명한다.

9

게임 설정

9장에서는 게임의 최적화 방법에 관해 살펴본다. 비디오와 오디오에 관한 설정을 만들고, 세이브하고, 로드할 수 있는 설정^{Options} 메뉴를 추가해서 게임을 최적화하고자한다. 유니티는 기본적으로 플레이어가 선택할 수 있는 기본 품질 설정을 제공한다. 하지만 9장에서는 이런 품질 설정도 바꿀 수 있게 만들어볼 것이다.

9장에서 다룰 주제는 다음과 같다.

- 비디오 설정 생성
- 오디오 설정 생성
- 변경한 설정의 저장과 로드
- 유니티의 기본 설정 수정
- 설정 메뉴 GUI 생성
- PlayerPrefs를 사용해서 설정 저장

최적화할 설정 검토

거의 모든 게임에는 게임의 다양한 측면을 변경할 수 있는 설정 메뉴가 있다. 대개 PC 게임이 가장 다양한 설정을 지원하지만 콘솔, 모바일 게임도 다양한 설정을 지닐 수 있다. 개발자가 마련한 설정을 통해 플레이어는 자신의 기기에 맞게 또 성능에 중점을 두고 게임의 출력을 변경할 수 있다. 몇 개의 설정을 미리 만들어놓고 플레이어가 그중 하나를 선택하게 해서 출력의 품질을 바꾸는 방식이 가장 널리 쓰인다. 성능이 좋지 못한 컴퓨터를 사용하는 플레이어는 낮은 수준의 설정을 선택할 것이다. 반면 성능이 뛰어난 컴퓨터를 사용하는 플레이어는 최고 수준의 설정을 선택할 것이다. 그 밖에도 플레이어가 그림자나 앤티에일리어싱 같은 게임 출력의 각 부분을 변경할 수 있는 게임도 있다.

유니티는 자체적으로 게임에 다양한 영향을 주는 품질 설정을 지니고 있다. 이런 설정을 사용해보고 또 입맛에 맞게 수정해보려 한다.

비디오 설정 생성

먼저 비디오 설정을 변경해보자. 성능에 관한 한 대개 비디오 설정이 가장 중요한 몫을 차지한다. 그림자처럼 간단한 비디오 설정만 변경해도 플레이어가 게임을 원활하게 플레이하는 데 큰 영향을 줄 수 있다. 일단 새로운 C# 스크립트를 만들고 이름을 Video_Config로 변경한다.

기본값 설정

비디오 설정을 만드는 첫 단계로, 비디오 설정에 기본값을 채우는 함수를 만든다. 너무 크지도 않고 작지도 않은 적당한 값을 기본값으로 삼을 것이다. 그래야 플레이어가 원하는 결과를 얻고 싶을 때 변경해야 할 값을 쉽게 파악할 수 있다.

```
public void SetDefaults()
{
  SetSettings("Medium");
  ToggleShadows(1);
```

```
    SetFOV(90.00f);
    SetResolution(0, 1);
    SetAA(2);
    SetVsync(1);
}
```

이 함수는 앞으로 만들 비디오 설정에 관한 함수를 전부 호출하는 역할을 한다. 각 함수로 전달하는 값은 너무 크지도 않고 너무 작지도 않은 기본 설정 값이다.

그림자 변경

첫 번째로 다룰 비디오 설정은 그림자와 그림자를 그리는 방법이다. 유니티의 그림자 설정은 없음(None), 뚜렷함(Hard), 흐릿함(Soft), 세 개다. 예제에서는 없음과 뚜렷함만 사용한다. 그림자를 없음으로 설정하면 그림자를 아예 그리지 않는다. 뚜렷함으로 설정하면 그림자의 윤곽선을 뚜렷하게 그린다. 다음 스크린샷은 예제 게임에서 사용할 그림자 효과를 보여준다. 왼쪽은 뚜렷한 그림자를 설정했을 때고, 오른쪽은 그림자를 없앴을 때다.

설정에 따른 결과를 확인했으니 이제 코드를 작성해보자. 스크립트에 다음 함수를 추가한다.

```
public void ToggleShadows(int newToggle)
{
  Light[] lights = GameObject.FindObjectsOfType<Light>();

  foreach(Light light in lights)
```

```
  {
    if(newToggle == 0)
      light.shadows = LightShadows.None;
    else
      light.shadows = LightShadows.Hard;
  }
}
```

이 함수는 그림자를 표시하거나 감추는 데 사용할 정수 값을 인수로 받는다. 먼저 신내의 모든 조명을 배열에 대입한 다음 foreach 루프를 사용해서 각 조명의 그림자를 나타내는 shadows에 None이나 Hard를 대입한다. 이런 식으로 그림자를 표시하거나 감춘다.

시야각 설정

시야각은 사실 성능에 큰 영향을 미치지 않는 비디오 설정이지만 많은 PC 게이머가 바꿔보고 싶어하는 설정이다. 시야각은 말 그대로 눈에 보이는 각도를 말하며 시야각에 따라 플레이어의 가시 영역, 즉 뷰포트^{view port}의 크기가 달라진다. 시야각의 측정 단위는 각도이며 수직, 수평, 또는 대각선으로 측정할 수 있다. 보통 비디오 게임에서 시야각은 대각선 방향으로 측정한다.

스크립트에 다음 함수를 추가한다.

```
public void SetFOV(float newFOV)
{
  Camera.main.fieldOfView = newFOV;
}
```

유니티에서 카메라의 시야각은 부동소수점 값이다. 그러므로 이 함수는 새로운 시야각으로 사용할 부동소수점 값을 인수로 받는다. 시야각을 변경하려면 먼저 메인 카메라를 찾아서 카메라의 시야각을 나타내는 fieldOfView 속성에 새로운 시야각 값을 대입해야 한다.

해상도 설정

플레이어가 게임의 해상도를 변경할 수 있게 또 전체 화면 모드와 창 모드를 전환할 수 있게 만들어보려 한다. 스크립트에 다음 함수를 추가한다.

```
public void SetResolution(int Res, int Full)
{
  bool fs = Convert.ToBoolean(Full);

  switch(Res)
  {
  case 0:
    Screen.SetResolution(1920, 1080, fs);
    break;
  case 1:
    Screen.SetResolution(1600, 900, fs);
    break;
  case 2:
    Screen.SetResolution(1280, 1024, fs);
    break;
  case 3:
    Screen.SetResolution(1280, 800, fs);
    break;
  case 4:
    Screen.SetResolution(640, 400, fs);
    break;
  }
}
```

이 함수는 두 개의 변수를 인수로 받는다. 첫 번째 정수 값은 사용할 해상도를 결정하고 두 번째 정수 값은 게임의 전체 화면 표시 여부를 결정한다. 함수 내에서는 전체 화면 표시에 사용할 불리언 변수를 만든다. 그리고 Convert 함수를 사용해서 함수에 전달한 정수 값을 불리언 값으로 변환한 뒤에 불리언 변수에 대입한다.

그런 다음에 switch문을 사용해서 게임에 설정할 해상도를 결정한다. 게임이 지원할 해상도의 수를 정하는 것은 개발자 마음이지만 모든 사람의 취향을 고려해서 다양한 해상도를 지원하려고 노력해야 한다. Screen.SetResolution 함수에 해상도 값과 전체 화면 표시 여부를 전달해서 해상도를 설정한다.

앤티에일리어싱 속성 변경

다음으로 변경할 비디오 설정은 앤티에일리어싱^{anti-aliasing} 속성이다. 게임의 설정이
에일리어싱일 때는 모델의 윤곽선이 울퉁불퉁하게 그려진다. 앤티에일리어싱일 때는
게임 렌더러가 울퉁불퉁한 윤곽선을 살짝 흐리게 해서 매끄러워 보이게 만든다. 앤티
에일리어싱은 게임을 보기 좋게 만드는 설정 중 하나지만 성능에 좋지 않은 영향을
주기도 한다. 스크립트에 다음 함수를 추가한다.

```
public void SetAA(int Samples)
{
  if(Samples == 0 || Samples == 2 || Samples == 4 || Samples == 8)
    QualitySettings.antiAliasing = Samples;
}
```

앤티에일리어싱은 여러 개의 샘플을 사용해서 윤곽선을 흐리는 기법이다. 샘플이
0이면 앤티에일리어싱이 일어나지 않는다. 이 함수는 유니티의 기본 품질 설정인
QualitySettings의 antiAliasing 속성에 인수로 받은 정수 값을 대입한다.

수직 동기화 설정

Vsync라고도 하는 수직 동기화는 프레임을 그리는 방법에 영향을 준다. 수직 동기화
를 켜면 게임은 현재 프레임을 다 그릴 때까지 기다렸다가 다음 프레임을 그리기 시
작한다. 수직 동기화를 끄면 게임은 현재 프레임을 그리는 동안 다음 프레임을 그리
기 시작한다. 수직 동기화를 껐을 때는 렌더링 속도가 빨라진다는 장점이 있지만, 프
레임이 서로 겹쳐서 화면에 줄이 가는 화면 밀림^{screen tear} 현상이 일어날 수 있다. 다
음 함수를 스크립트에 추가한다.

```
public void SetVsync(int Sync)
{
  QualitySettings.vSyncCount = Sync;
}
```

이 함수는 앤티에일리어싱 함수와 매우 비슷하다. QualitySettings의 vSyncCount에 인수로 받은 정수 값을 대입한다.

기본 품질 설정 변경

마지막으로 간단하게 유니티의 기본 품질 설정을 바꿔볼 것이다. 게임의 전체적인 품질 설정을 변경하는 데 쓰이는 방법이다. 다음 함수를 스크립트에 추가한다.

```
public void SetSettings(string Name)
{
  switch(Name)
  {
  case "Low":
    QualitySettings.SetQualityLevel(0);
    break;
  case "Medium":
    QualitySettings.SetQualityLevel(1);
    break;
  case "High":
    QualitySettings.SetQualityLevel(2);
    break;
  }
}
```

함수로 전달한 문자열을 사용해서 품질 설정을 결정할 switch문을 실행한다. 그리고 QualitySettings의 SetQualityLevel 함수를 사용해서 적절한 품질 수준을 설정한다.

설정 로드

마지막으로 저장했던 모든 설정을 로드해서 게임에 반영하는 함수를 추가한다. 앞으로 가장 많이 사용할 함수다. 스크립트의 맨 아래에 다음 함수를 추가한다.

```
public void LoadAll()
{
  SetSettings(PlayerPrefs.GetString("Custom_Settings"));
```

```
ToggleShadows(PlayerPrefs.GetInt("Custom_Shadows"));
SetFOV(PlayerPrefs.GetFloat("Custom_FOV"));
SetResolution(PlayerPrefs.GetInt("Custom_Resolution"),
              PlayerPrefs.GetInt("Custom_Full"));
SetAA(PlayerPrefs.GetInt("Custom_AA"));
SetVsync(PlayerPrefs.GetInt("Custom_Sync"));
}
```

이 함수는 앞서 만든 설정 함수를 하나하나 호출하면서 저장해놓은 설정 값을 전달한다. 예제에서는 설정을 `PlayerPrefs`에 저장하므로 `PlayerPrefs`에 들어있는 값을 전달한다.

오디오 설정 생성

오디오 설정에서는 배경음악, 음향 효과, 주변 소리의 볼륨을 설정하려 한다. 또 오디오 출력에 사용할 스피커 모드도 설정할 예정이다. 먼저 새로운 C# 스크립트를 만들고 이름을 Audio_Config로 변경한다.

기본값 설정

첫 번째로 만들 함수는 기본값을 설정하는 함수다. 스크립트에 다음 함수를 추가한다.

```
public void SetDefaults()
{
  SetBG(1.00f);
  SetSFX(0.80f);
  SetAtm(0.60f);
  SetAudioType("Stereo");
}
```

이 함수는 앞으로 만들 함수를 호출해서 기본값을 설정한다. 앞쪽 세 개의 함수는 각 볼륨에 다양한 값을 설정하는 함수다. 마지막 함수는 스피커 모드의 기본값을 스테레오로 설정하는 함수다.

볼륨 설정

이제 볼륨을 변경하는 기능을 추가할 것이다. 스크립트에 다음 함수를 추가한다.

```
public void SetBG(float bgVolume)
{
  AudioSource[] audios = GameObject.FindObjectsOfType<AudioSource>();

  foreach(AudioSource source in audios)
  {
    source.volume = bgVolume;
  }
}


public void SetSFX(float sfxVolume)
{
  AudioSource[] audios = GameObject.FindObjectsOfType<AudioSource>();

  foreach(AudioSource source in audios)
  {
    source.volume = sfxVolume;
  }
}


public void SetAtm(float atmVolume)
{
  AudioSource[] audios = GameObject.FindObjectsOfType<AudioSource>();

  foreach(AudioSource source in audios)
  {
    source.volume = atmVolume;
  }
}
```

각 함수는 새로운 볼륨으로 사용할 부동소수점 값을 인수로 받는다. 그런 다음, 함수 내에서 신의 오디오 소스를 저장할 배열을 만든다. 마지막으로 각 오디오 소스의 볼륨을 나타내는 volume 속성에 인수로 받은 새로운 볼륨 값을 대입한다.

스피커 모드 설정

다음으로 오디오 출력에 사용할 스피커 모드를 설정하려 한다. 스피커 모드에 따라 플레이어에게 오디오를 들려주는 방식이 달라진다. 그러므로 헤드폰을 사용하는 플레이어와 스피커를 사용하는 플레이어는 각각 원하는 스피커 모드가 다를 수 있다. 다음 함수를 스크립트에 추가한다.

```
public void SetAudioType(string SpeakerMode)
{
  switch(SpeakerMode)
  {
  case "Mono":
    AudioSettings.speakerMode = AudioSpeakerMode.Mono;
    break;
  case "Stereo":
    AudioSettings.speakerMode = AudioSpeakerMode.Stereo;
    break;
  case "Surround":
    AudioSettings.speakerMode = AudioSpeakerMode.Surround;
    break;
  case "Surround 5.1":
    AudioSettings.speakerMode = AudioSpeakerMode.Mode5point1;
    break;
  case "Surround 7.1":
    AudioSettings.speakerMode = AudioSpeakerMode.Mode7point1;
    break;
  }
}
```

이 함수는 인수로 받은 문자열을 사용해서 switch문을 통해 스피커 모드를 변경한다. switch문에서는 게임에서 지원하는 스피커 모드인지 확인하고 AudioSettings의 speakerMode 변수에 적절한 스피커 모드를 대입한다.

설정 메뉴 생성

최적화의 마지막 단계로 설정 메뉴를 추가해서 지금까지 만든 설정을 플레이어가 직접 변경할 수 있게 한다. 새로운 C# 스크립트를 만들고 이름을 Config_GUI로 변경한다.

준비 작업

먼저 필요한 변수, Start 함수, OnGUI 함수를 추가할 것이다. 스크립트에 다음 코드를 추가한다.

```
float volBG, volSFX, volATM, fov;
bool aa, shadows, sync, optionsGUI, full;
int res;
string settings, audiotype;
public Rect optionsRect = new Rect(100, 100, 500, 500);

void Start()
{
  volBG = 0;
  volATM = 0.3f;
  volSFX = 0.8f;
  fov = 90.00f;
  aa = true;
  fullscreen = true;
  shadows = true;
  optionsGUI = true;
  LoadAll();
}

void OnGUI()
{
  if(optionsGUI)
  {
    optionsRect = GUI.Window(0, optionsRect, OptionsGUI, "Options");
  }
}
```

여기서 만든 변수는 모두 플레이스홀더다. 즉 PlayerPrefs에 저장해놓은 값을 직접 변경하지는 않으려 한다. 마지막 Rect 변수는 설정 메뉴의 위치와 크기를 나타낸다. Start 함수에서는 플레이스홀더 변수에 기본값을 설정하고 LoadAll 함수를 호출한다. 조금 뒤에 만들 LoadAll 함수는 저장해둔 데이터를 플레이스홀더 변수로 불러오는 역할을 한다. 마지막으로 OnGUI 함수는 설정 메뉴가 들어있는 GUI 창을 실행하는 함수다.

GUI 생성

이제 GUI를 실행할 함수를 만들려 한다. 레이블, 버튼, 수평 슬라이더와 토글 버튼을 만들 예정이다. 다음 함수를 스크립트에 추가한다.

```
void OptionsGUI(int gui)
{
  GUILayout.BeginArea(new Rect(0, 50, 800, 800));

  GUI.Label(new Rect(25, 0, 100, 30), "Quality Settings");

  if(GUI.Button(new Rect(25, 20, 75, 20), "High"))
    GetComponent<Video_Config>().SetResolution(0, 3);
  if(GUI.Button(new Rect(100, 20, 75, 20), "Medium"))
    GetComponent<Video_Config>().SetResolution(1, 3);
  if(GUI.Button(new Rect(175, 20, 75, 20), "Low"))
    GetComponent<Video_Config>().SetResolution(2, 3);
  if(GUI.Button(new Rect(250, 20, 75, 20), "Custom"))
    GetComponent<Video_Config>().SetResolution(3, 3);

  GUI.Label(new Rect(25, 40, 100, 30), "Field of View");
  fov = GUI.HorizontalSlider(new Rect(115, 45, 100, 30), fov,
                            60.00f, 120.00f);

  GUI.Label(new Rect(25, 60, 100, 30), "Antialiasing");
  aa = GUI.Toggle(new Rect(115, 60, 100, 30), aa, " On/Off");
  GUI.Label(new Rect(25, 75, 100, 30), "Resolution");
```

```
if(GUI.Button(new Rect(25, 95, 75, 20), "1920x1080"))
    GetComponent<Video_Config>().SetResolution(0, 3);
if(GUI.Button(new Rect(100, 95, 75, 20), "1600x900"))
    GetComponent<Video_Config>().SetResolution(1, 3);
if(GUI.Button(new Rect(175, 95, 75, 20), "1280x1024"))
    GetComponent<Video_Config>().SetResolution(2, 3);
if(GUI.Button(new Rect(250, 95, 75, 20), "1280x800"))
    GetComponent<Video_Config>().SetResolution(3, 3);
if(GUI.Button(new Rect(325, 95, 75, 20), "640x400"))
    GetComponent<Video_Config>().SetResolution(4, 3);

GUI.Label(new Rect(25, 120, 100, 30), "FullScreen");
full = GUI.Toggle(new Rect(135, 120, 100, 30), fullscreen, " On/ Off");
```

플레이어가 각 설정을 눈으로 확인하고 선택할 수 있게 레이블과 버튼을 생성하는 코드를 작성했다. 레이블은 플레이어가 변경할 설정의 이름을 보여주는 용도로 쓰인다. 그리고 버튼을 클릭하면 설정을 변경할 수 있게 만들었다. 전체 화면 설정은 하나의 버튼으로 켜고 끌 수 있게 토글 버튼으로 만들었다.

시야각을 변경할 때는 플레이어가 스크롤하면서 다양한 값을 설정할 수 있게 슬라이더를 사용한다. 슬라이더를 사용하려면 버튼과 달리 더 많은 값을 지정해야 한다. 슬라이더가 만능은 아니지만, 시야각을 설정할 때는 안성맞춤이다. 이제 계속해서 남은 설정을 만들어보자.

```
GUI.Label(new Rect(25, 140, 100, 30), "Shadows");
shadows = GUI.Toggle(new Rect(135, 140, 100, 30), shadows, " On/ Off");

GUI.Label(new Rect(25, 160, 150, 30), "Music Volume");
volBG = GUI.HorizontalSlider(new Rect(25, 180, 100, 30), volBG,
                                      0.00f, 1.00f);
GUI.Label(new Rect(25, 200, 150, 30), "SFX Volume");
volSFX = GUI.HorizontalSlider(new Rect(25, 220, 100, 30), volSFX,
                                      0.00f, 1.00f);
GUI.Label(new Rect(25, 240, 150, 30), "Atmospheric Volume");
volATM = GUI.HorizontalSlider(new Rect(25, 260, 100, 30), volATM,
                                      0.00f, 1.00f);
```

```
GUI.Label(new Rect(25, 270, 100, 30), "Speaker Type");

if(GUI.Button(new Rect(25, 290, 75, 20), "Mono"))
  GetComponent<Audio_Config>().SetAudioType("Mono");
if(GUI.Button(new Rect(100, 290, 75, 20), "Stereo"))
  GetComponent<Audio_Config>().SetAudioType("Stereo");
if(GUI.Button(new Rect(175, 290, 75, 20), "Surround"))
  GetComponent<Audio_Config>().SetAudioType("Surround");
if(GUI.Button(new Rect(250, 290, 100, 20), "Surround 5.1"))
  GetComponent<Audio_Config>().SetAudioType("Surround 5.1");
if(GUI.Button(new Rect(350, 290, 100, 20), "Surround 7.1"))
  GetComponent<Audio_Config>().SetAudioType("Surround 7.1");

if(GUI.Button(new Rect(25, 350, 100, 20), "Save Settings"))
  SaveAll();
if(GUI.Button(new Rect(150, 350, 100, 20), "Back"))
  optionsGUI = false;

GUILayout.EndArea();
}
```

이 함수가 하는 일이 상당히 많아 보이지만, 사실 전부 GUI에 관한 코드다. 품질, 해상도, 스피커 모드 설정에는 버튼을 사용한다. 버튼을 클릭하면, 앞서 만든 비디오 설정 스크립트나 오디오 설정 스크립트의 함수 중 적절한 함수를 호출한다.

시야각, 배경음악 볼륨, 음향 효과 볼륨, 주변 소리 볼륨 값을 변경할 때는 수평 슬라이더를 사용한다. 앤티에일리어싱, 전체 화면, 그림자 설정은 토글 버튼 또는 라디오 버튼을 사용해서 켜고 끈다.

마지막으로 모든 설정을 저장하는 버튼과 되돌아가기Back 버튼을 만든다. 예제에서는 되돌아가기 버튼을 누르면 단순히 설정 메뉴가 사라지게 했지만, 실제 게임에서는 메인 메뉴나 일시 정지 메뉴로 되돌아가는 용도로 쓰일 수 있다.

모든 설정 값 저장

이제 설정을 저장하는 함수를 만들어보자. 스크립트에 다음 함수를 추가한다.

```
void SaveAll()
{
  PlayerPrefs.SetString("Custom_Settings", settings);

  if(shadows)
    PlayerPrefs.SetInt("Custom_Shadows", 1);
  else
    PlayerPrefs.SetInt("Custom_Shadows", 0);

  PlayerPrefs.SetFloat("Custom_FOV", fov);

  PlayerPrefs.SetInt("Custom_Resolution", res);

  PlayerPrefs.SetInt("Custom_Full", Convert.ToInt32(fullscreen));

  if(aa)
    PlayerPrefs.SetInt("Custom_AA", 1);
  else
    PlayerPrefs.SetInt("Custom_AA", 0);

  if(sync)
    PlayerPrefs.SetInt("Custom_Sync", 1);
  else
    PlayerPrefs.SetInt("Custom_Sync", 0);

  PlayerPrefs.SetFloat("atmVolume", volBG);
  PlayerPrefs.SetFloat("sfxVolume", volSFX);
  PlayerPrefs.SetFloat("bgVolume", volATM);
  PlayerPrefs.SetString("audioType", audiotype);
}
```

이 함수는 PlayerPrefs를 사용해서 모든 설정 값을 저장하는 역할을 한다. 앞서 만들었던 플레이스홀더 변수에 들어있는 설정 값을 PlayerPrefs에 저장한다.

모든 설정 값 로드

Config_GUI 스크립트에 추가할 마지막 기능은 저장했던 설정 값을 모두 로드하는 기능이다. 스크립트에 다음 함수를 추가한다.

```
void LoadAll()
{
  volBG = PlayerPrefs.GetFloat("bgVolume");
  volSFX = PlayerPrefs.GetFloat("sfxVolume");
  volATM = PlayerPrefs.GetFloat("atmVolume");
  fov = PlayerPrefs.GetFloat("Custom_FOV");
  aa = Convert.ToBoolean(PlayerPrefs.GetInt("Custom_AA"));
  shadows = Convert.ToBoolean(PlayerPrefs.GetInt("Custom_Shadows"));
  sync = Convert.ToBoolean(PlayerPrefs.GetInt("Custom_Sync"));
  fullscreen = Convert.ToBoolean(PlayerPrefs.GetInt("Custom_Full"));
  res = PlayerPrefs.GetInt("Custom_Resolution");
  settings = PlayerPrefs.GetString("Custom_Settings");
  audiotype = PlayerPrefs.GetString("audioType");
}
```

이 함수는 PlayerPrefs에 저장해놓은 설정 값을 앞서 만든 각 플레이스홀더 변수에 로드한다. 저장해둔 설정 값을 로드할 땐 PlayerPrefs의 Get 부류의 함수를 사용한다.

플레이 테스트

플레이 테스트를 하려면 모든 설정 값을 변경하고 저장하고 로드해봐야 한다. 스크립트가 제대로 동작하는지 확인하려면 신에 상관없이 세 개의 스크립트를 같은 게임 오브젝트에 추가해본다. 품질 설정을 테스트하려면 유니티의 기본 품질 설정을 수정해야 한다. 화면 위쪽에 나와 있는 Edit 메뉴를 클릭하고 Project Settings에서 Quality를 클릭한다. 오른쪽에 인스펙터 창이 나타나면 다음 그림처럼 Low, Meduim, High 세 개

만 남겨놓고 다른 기본 설정을 모두 삭제한다.[1]

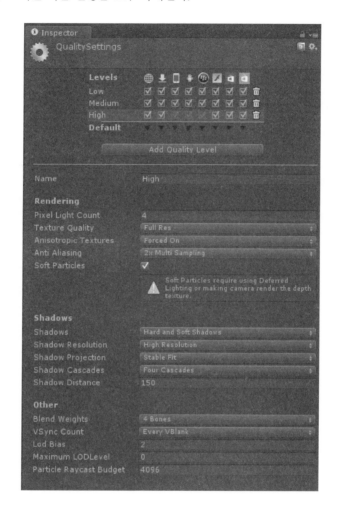

---

1 유니티 4 최종 버전이나 유니티 5를 사용 중이라면 QualitySettings의 품질 수준이 Fastest, Fast, Simple, Good, Beautiful, Fantastic으로 나올 것이다. 맨 위 Fastest가 가장 낮은 수준의 품질이고 아래로 갈수록 높은 수준의 품질을 나타낸다. 적당히 세 개를 고르고 나머지를 삭제한 뒤에 각 Name 속성을 Low, Medium, High로 변경하면 똑같은 방식으로 플레이 테스트를 할 수 있다. – 옮긴이

요약

9장에서는 게임에 필요한 설정을 만들고 저장하는 방법을 배웠다. 비디오, 오디오에 관한 다양한 설정을 만들어봤고 플레이어가 직접 게임의 설정을 변경할 수 있게 GUI 메뉴도 만들었다.

10장에서는 이 책을 통해 만들었던 모든 기능을 포함하는 간단한 게임을 만들어보려 한다. 예제 게임을 만들면서 지금까지 배운 내용을 구현하는 방법을 총망라할 생각이다.

10
실전 게임 프로젝트

10장에서는 9장까지 배웠던 내용을 바탕으로 간단한 게임을 만들어보려 한다. 배운 내용을 전부는 아니어도 거의 사용해볼 예정이다. 10장은 지금까지 만들었던 모든 스크립트의 동작 방식을 이해하는 데 도움을 주는 훌륭한 실습 과정이다.

10장에서 배울 내용은 다음과 같다.

- 메인 메뉴 생성
- 게임 플레이에 사용할 몇 개의 레벨 생성
- 캐릭터 상호작용 구현
- 음악과 음향 효과 활용
- 세이브, 로드 기능 활용
- 적 AI 구현

레벨 생성

세 개의 레벨과 메인 메뉴가 들어있는 예제 게임을 만들어보자. 메인 메뉴는 게임 플레이, 설정, 게임 종료를 위한 세 개의 버튼으로 이뤄진다.

메인 메뉴

새로운 신을 만들고 이름을 Main Menu로 변경한다. 그런 다음, 설정^{Options} 메뉴에 사용할 Audio_Config, Video_Config, Config_GUI 스크립트를 메인 카메라로 드래그한다. 새로운 C# 스크립트를 만들고 이름을 MainMenu로 변경한 뒤에 다음 코드를 추가한다.

```
void OnGUI()
{
  if(GetComponent<Config_GUI>().optionsGUI == false)
  {
    if(GUI.Button(new Rect(700, 400, 150, 50), "Play Game"))
      Application.LoadLevel("Chapter 10_a");
    if(GUI.Button(new Rect(700, 475, 150, 50), "Options"))
      GetComponent<Config_GUI>().optionsGUI = true;
    if(GUI.Button(new Rect(700, 550, 150, 50), "Quit Game"))
      Application.Quit();
  }
  GetComponent<Config_GUI>().OnGUI();
}
```

MainMenu 스크립트에 들어갈 함수는 OnGUI뿐이다. 이 코드는 게임을 플레이하거나, 설정 메뉴를 보여주거나, 게임을 종료할 때 사용할 세 개의 버튼을 만든다. 스크립트를 저장한 뒤에 메인 카메라로 드래그하고 신을 실행하면 다음 그림과 같은 버튼을 볼 수 있다.

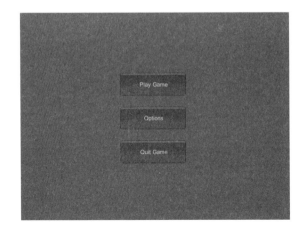

게임 플레이에 사용할 레벨

게임 플레이에 사용할 레벨을 만들어보자. 먼저 플레이 테스트에 사용할 레벨 하나를 만들고 신을 복제해서 다른 레벨을 만들 예정이다. 간단하게 5장 '인공지능'의 신을 그대로 사용한다. 5장의 예제 신을 불러와서 이름을 `Chapter 10_a`로 변경하면 플레이할 수 있는 배경과 적이 갖춰진다. 이제 신의 메인 카메라를 삭제한다. 화면 아래쪽 프로젝트 창의 **Assets**를 마우스 오른쪽 클릭하고 Import Package, Character Controller를 차례로 클릭한다. Import를 눌러서 Character Contoller를 프로젝트에 추가한 뒤에 캡슐 모양인 First Person Controller를 찾아서 계층 창으로 드래그한다.

신을 실행하면 해골이 매우 작게 보일 것이다. 불러올 때의 배율 때문이다. 프로젝트 창에서 SkeletonData 폴더 안에 있는 해골 모델을 클릭한다. 불러온 모델 데이터가 들어있는 인스펙터 창이 열리면 **Scale Factor** 속성의 값을 0.0225로 변경해서 해골을 크게 만든다. 꼭 이 값을 사용할 필요는 없다. 신에 잘 어울리는 적당한 값을 선택한다.

이제 몇 개의 게임 오브젝트와 프리팹을 만들어야 한다. 먼저 플레이어가 사용할 총을 만든다. 큐브를 추가하고 이름을 Gun으로 변경한 뒤에 적당히 크기를 줄여서 얇은 막대기 모양으로 만든다. Gun 오브젝트를 카메라 근처로 옮긴 뒤에 일반적인 FPS 게임의 총처럼 위치를 잡아준다. 그리고 계층 창에서 **Gun** 오브젝트를 First Person Controller 안에 있는 메인 카메라로 드래그한다. 이렇게 하면 총이 카메라와 함께 움직인다. 다음 그림은 예제에서 만든 First Person Controller 오브젝트의 모습이다.

그런 다음 체력 물약으로 사용할 구체^{sphere}를 만든다. 그대로 사용해도 상관없지만, 예제에서는 붉은색으로 만들었다. 3장에서 만든 itemSelf 스크립트를 구체로 드래그한 뒤에 인스펙터 창에서 다음과 같이 설정한다. 그리고 **Player** 옆의 빈칸으로 First Person Controller를 드래그한다.

- **Amount**를 25로 설정한다.
- **Value**를 30으로 설정한다.
- **Armor Amount**를 0으로 설정한다.
- **Weight**를 1로 설정한다.
- **Name**에 Potion을 입력한다.
- **Stat**에 Health를 입력한다.
- **Self Action**을 Change HP로 설정한다.
- **Self Type**을 Potion으로 설정한다.

새로운 프리팹을 만들고 이름을 **Potion**으로 변경한다. 그리고 만들어놓은 구체를 프리팹으로 드래그한다. 이제 체력 물약으로 사용할 프리팹이 만들어졌다. 이 프리팹 두 개를 맵에 적당히 배치한다. 지금은 이 물약으로 할 수 있는 일이 없지만, 나중에 플레이어가 물약을 획득할 수 있게 만들 예정이다.

플레이어 상호작용 생성

이제 플레이어와 게임 세계의 상호작용을 만들 차례다. 예제 게임엔 플레이어가 총을 쏘고, 물약을 획득하고, 게임을 일시 정지하는 상호작용을 넣으려 한다. 새로운 C# 스크립트를 만들고 이름을 PlayerInteraction으로 변경한다. 먼저 스크립트에 다음과 같이 변수 두 개를 추가한다.

```
public GameObject Projectile, Potion;
```

Projectile 게임 오브젝트는 플레이어가 쏠 총알을 나타내며 Potion 게임 오브젝트는 앞서 만든 물약 프리팹을 나타낸다.

사격과 일시 정지

총을 쏘는 기능과 게임을 일시 정지하는 기능을 만들려 한다. 스크립트에 다음과 같은 Update 함수를 추가한다.

```
void Update ()
{
if(Time.tmeScale != 0.00f)
{
  if(Input.GetButtonUp("Fire1"))
    Instantiate(Projectile, transform.position, transform.rotation);

  if(Input.GetButtonUp("Esc_Key"))
  {
    if(Time.timeScale != 0.00f)
      Time.timeScale = 0.00f;
    else
      Time.timeScale = 1.00f;
  }
}
}
```

입력을 확인하는 if문 중 첫 if문을 통해 총알을 발사할 수 있다. 총알을 쏴야 한다면 플레이어의 위치, 방향과 일치하는 Projectile 게임 오브젝트의 인스턴스를 만든다. 두 번째 if문은 1장에서 만든 입력을 사용해서 플레이어가 게임을 일시 정지할 수 있게 한다. timeSacle 오브젝트에 0을 설정하면 Update 함수를 사용하는 모든 스크립트가 멈추고 1을 설정하면 동작을 재개한다.

물약 획득

플레이어가 물약을 획득할 수 있게 하려면 다음과 같은 충돌 함수를 추가해야 한다.

```
void OnTriggerEnter(Collider other)
{
  if(other.tag == "Potion")
  {
```

```
    GetComponent<Inventory>().AddToInventory(1, Potion);

    for(int i = 0; i < GetComponent<GUI_2D>().Items.Count; i ++)
    {
      if(GetComponent<GUI_2D>().Items[i].name == "")
        GetComponent<GUI_2D>().Items[i] = Potion;
      break;
    }
    Destroy(other.gameObject);
  }
}
```

물약 획득을 처리할 때는 먼저 트리거의 태그를 보고 충돌한 트리거가 물약인지 확인한다. 그런 다음, 나중에 컴포넌트로 추가할 Inventory 스크립트의 `AddToInventory` 함수를 호출해서 물약을 인벤토리에 추가한다. 또 `GUI_2D` 컴포넌트의 아이템 배열에 물약 오브젝트를 대입해서 GUI에도 물약을 추가한다. 마지막으로 물약 오브젝트를 파괴해서 같은 물약을 두 번 획득할 수 없게 만든다.

사운드 추가

이제 배경음악과 주변 소리를 추가할 차례다.

배경음악 재생

새로 빈 게임 오브젝트를 만들고 이름을 `Audio_Manager`로 변경한다. BG_Music_Manager 스크립트를 드래그해서 방금 만든 게임 오브젝트에 추가한다. 예제 게임에서는 하나의 음악만 사용할 예정이므로 Song List의 Size를 1로 변경하고 원하는 음악을 추가한다. 볼륨을 설정하지 않았다면 1로 설정한다. 다음 과정으로 넘어가기 전에 게임 오브젝트에 Audio Source 컴포넌트를 추가해야 한다. Add Component 버튼을 클릭하고 Audio를 클릭한 뒤에 마지막으로 Audio Source를 클릭한다.

주변 소리 추가

이제 주변 소리를 추가하려 한다. 배경 음악을 추가하는 방법과 비슷한 방법을 사용해서 주변 소리를 추가한다. 빈 게임 오브젝트를 만들고 ATM_Manager 스크립트를 드래그해서 추가한다. TmpList의 Size를 2로 변경하고 두 개의 사운드 클립을 추가한다. 예제에서는 8장에서 에셋 스토어를 통해 추가한 사운드 클립 중 Open Space Wind1 - 32 Seconds와 Open Space Wind2 - 36 Seconds를 사용한다. 볼륨을 설정하지 않았다면 0.5로 설정한다. 마지막으로 게임 오브젝트에 Audio Source를 추가한다.

GUI 구현

이제 2장 'GUI'에서 만든 2D GUI를 추가할 차례다.

스크립트 추가

GUI_2D 스크립트를 First Person Controller로 드래그한다. 2장에서 이미 모든 코드를 만들어놨으므로 드래그해서 추가하기만 해도 GUI 작업은 거의 끝난다. 신 안에 스크립트가 사용할 빈 게임 오브젝트를 새로 만들고 이름을 Empty로 변경한다. GUI_2D 스크립트의 변수에 기본값을 설정하지 않았으면 다음과 같이 설정한다.

- Current HP를 100으로 설정한다.
- Max HP를 100으로 설정한다.
- Current Bar Length를 0으로 설정한다.
- Current Level을 1로 설정한다.
- Max Experience를 100으로 설정한다.
- Current Experience를 0으로 설정한다.
- Current Exp Bar Length를 0으로 설정한다.
- Max Exp Bar Length를 100으로 설정한다.

여기까지 마치고 신을 실행하면 다음 그림과 같은 화면이 나타난다.

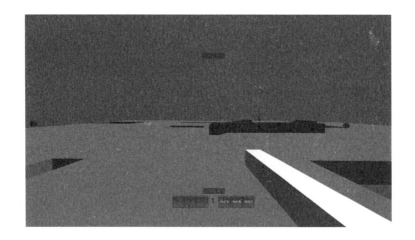

통계 추적

이제 6장 '점수와 통계'에서 만든 통계 추적 기능을 추가할 차례다.

스크립트 추가

간단하게 StatTracker 스크립트를 메인 카메라로 드래그하면 통계를 추적할 수 있다. 통계 메뉴를 표시하려면 Update 함수를 추가해야 한다. 스크립트에 다음 함수를 추가한다.

```
void Update()
{
  if(Input.GetKeyUp(KeyCode.E))
  {
    if(showStats)
      showStats = false;
    else
      showStats = true;
  }
}
```

이제 플레이어가 E 키를 누르면 showStats 불리언 값이 바뀐다. showStats가 true면 통계 메뉴가 화면에 나타난다.

세이브와 로드

플레이어가 게임의 데이터를 세이브, 로드할 수 있게 7장 '세이브와 로드'에서 만들었던 저장 시스템을 구현하려 한다.

스크립트 추가

FLAT_Save_System 스크립트를 메인 카메라로 드래그한다. 그런 다음 인스펙터 창에서 다음과 같이 스크립트의 기본값을 설정한다.

- **SFile Name**에 Test.txt를 입력한다.
- **SDirectory**에 C:\Users\USERNAME\Desktop\을 입력한다.
- **First Person Controller**를 Player 옆의 빈칸으로 드래그한다.

마무리 작업

이제 몇 가지 마무리 작업을 더 해서 게임을 완성하려 한다.

승리 조건 추가

지금 상태로도 게임을 플레이할 수 있지만, 게임에서 승리할 수는 없다. 그럼 게임에서 승리할 수 있게 만들어보자. 먼저 빈 게임 오브젝트를 새로 만들고 이름을 RoundManager로 변경한다. 그런 다음에 새로운 C# 스크립트를 만들고 이름을 WinConditions로 변경한다. 스크립트에 다음 함수를 추가한다.

```
public int Enemies;

void Start ()
{
```

```
  GameObject[] e = GameObject.FindGameObjectsWithTag("Enemy");
  Enemies = e.Length;
}

void Update ()
{
  if(Enemies <= 0)
  {
    if(Application.loadedLevel != 3)
      Application.LoadLevel(Application.loadedLevel + 1);
    else
      Application.LoadLevel(0);
  }
}
```

이 스크립트는 신에 남아있는 적의 수를 센 다음 남은 적의 수를 바탕으로 플레이어가 승리했는지 확인하는 역할을 한다. Start 함수는 적의 수를 세서 만들어놓은 Enemies 변수에 대입한다. Update 함수는 남아있는 적이 있는지 확인하고 적을 모두 죽였으면 다음 레벨로 넘어간다. 넘어갈 레벨이 없으면 메인 메뉴로 되돌아간다.

AI 적용

AI_Agent 스크립트에 능력치를 확인할 수 있는 코드와 방금 만든 승리 조건을 적용할 수 있는 코드를 추가해야 한다. ChangeHealth 함수를 찾아서 Destroy 함수를 호출하는 코드 바로 앞에 다음 두 줄의 코드를 추가한다.

```
Camera.main.GetComponent<StatTracker>().SetStat("Kills", 1);
GameObject.Find("RoundManager").GetComponent<WinConditions>(). Enemies--;
```

첫 줄은 Kills에 1을 추가해서 적을 죽인 횟수를 늘려준다. 두 번째 줄은 적의 수를 줄여서 플레이어를 승리에 한 발 더 다가가게 한다.

아이템 마무리

물약이 제구실을 하게 만들려면 GUI_2D 스크립트를 수정해야 한다. GUI_2D 스크립트에서 OnGUI 함수를 찾은 뒤에 첫 번째 아이템 버튼을 처리하는 코드를 다음 코드로 대체한다.

```
if(GUI.Button(ItemButtons[0], Items[0].name))
{
  if(Items[0].name == "Potion")
  {
    Items[0].GetComponent<itemSelf>().selfType = SelfType.Potion;
    Items[0].GetComponent<itemSelf>().selfAction = SelfAction. ChangeHP;
    Items[0].GetComponent<itemSelf>().Amount = 25;
  }
}
```

이 코드를 통해 GUI 버튼으로 물약을 사용할 수 있고 또 사용한 물약의 효과를 적용하는 함수를 호출할 수 있다.

레벨 추가

이제 게임 제작의 마지막 단계로 더 많은 레벨을 만들어보려 한다. 게임에 필요한 모든 요소를 신에 추가해놨으므로 신을 복제해서 이름만 바꿔주면 새로운 레벨을 만들 수 있다. 예제에서는 신을 두 번 복제해서 이름을 각각 'Chapter 10_b', 'Chapter 10_c'로 변경했다.

플레이 테스트

게임을 플레이 테스트하기 전에 마지막으로 해야 할 일이 하나 있다. 화면 위쪽에 있는 File 메뉴를 클릭하고 Build Settings를 선택한 뒤에 Scenes In Build의 빈 칸에 네 개의 신을 모두 추가해야 한다. 신을 모두 선택하고 Scenes In Build 칸으로 드래그하면 다음 그림처럼 추가할 수 있다.

이제 실행 파일을 빌드하고 게임을 플레이할 수 있다. PC에서 빌드하면 exe 파일이 만들어지고 맥에서 빌드하면 앱 번들이 만들어진다. 예제 게임은 메인 메뉴에서 시작한다. 게임에서 승리하고 메인 메뉴로 되돌아오려면 남은 레벨을 모두 플레이해야 한다.

요약

자, 이것으로 끝이다. 마지막 장인 10장에서는 1장에서 9장까지 거쳐오면서 만들었던 스크립트를 모두 활용해봤다. 이 책을 통해 GUI 시스템, 인공지능, 아이템, 사운드 시스템을 만드는 방법과 데이터를 세이브하고 로드하는 방법 등 많은 내용을 배웠다. 그리고 책에서 배운 내용을 대부분 활용해서 간단한 게임을 만들어봤다. 이제 책의 내용을 뛰어넘어 자신만의 게임을 만들 차례다.

찾아보기

ㄱ

강체 79, 117

경유지 116

경험치 55

구체 129

그림자 197

근접 71

기본 품질 설정 201

길 찾기 115

ㄴ

내구도 85

내부 효과 109

내비게이션 메시 120

노트패드++ 164

ㄷ

되돌아가기 버튼 208

디버프 68

ㄹ

레벨 55, 115

로드 159

ㅁ

메시 내비게이션 시스템 116

메시지 전달 67

모델 메시 124

ㅂ

바탕화면 160

배경음악 183

버프 68

볼륨 203

뷰포트 198

비디오 설정 196

ㅅ

설정 메뉴 195

세이브 159

수직 동기화 200

스트림 162

스피커 모드 204

슬라이더 207

승리 조건 221

시야각 198

신 52

ㅇ

아이템 바 83

아이템 클래스 67

아이템 효과 70

애니메이션 124

앤티에일리어싱 200

업적 141

업적 리셋 142

업적 추적 기능 143

업적 프로토타이핑 141

업적 확인 151

오디오 설정 202

외부 효과 109

유니티 에셋 스토어 124, 192

유한 상태 머신 104
음향 효과 190
인벤토리 82
인스펙터 53
임의 재생 184
입력 관리자 26

ㅈ

장치 인식 30
전체 화면 모드 199
주변 소리 187
중개 함수 110
중력 77

ㅊ

창 모드 199
체크포인트 177
충돌체 78

ㅋ

컨트롤 25
컨트롤 스킴 37
컨트롤 프로파일 25, 35
퀵 아이템 83, 93
큐브 52, 116

ㅌ

타이머 61
토글 버튼 207
통계 131
트리거 73, 78, 218

ㅍ

프리팹 124
플랫 파일 159
플레이리스트 185
플레이 시간 140

ㅎ

해상도 199
행동 트리 105
화면 밀림 200

A

anti-aliasing 200

B

behavior tree 105

C

control scheme 37
Cube 52

E

external actions 109

F

First Person Controller 215
FSM, finite state machine 104

I

input manager 26

Inspector 53

internal actions 109

M

mesh navigation system 116

N

NavMesh 115

NavMesh 시스템 116

Notepad++ 164

P

pathfinding 115

PlayerPrefs 133

prefab 124

public 53, 68

S

Scene 52

screen tear 200

Sphere 129

V

view port 198

Vsync 200

W

waypoint 116

X

Xbox 360 컨트롤러 27

XML 164

에이콘출판의 기틀을 마련하신 故 정완재 선생님 (1935-2004)

acorn+PACKT Technical Book 시리즈

BackTrack 4 한국어판

Android User Interface Development 한국어판

Nginx HTTP Server 한국어판

BackTrack 5 Wireless Penetration Testing 한국어판

Flash Game Development by Example 한국어판

Node Web Development 한국어판

XNA 4.0 Game Development by Example 한국어판

Away3D 3.6 Essentials 한국어판

Unity 3 Game Development Hotshot 한국어판

HTML5 Multimedia Development Cookbook 한국어판

jQuery UI 1.8 한국어판

jQuery Mobile First Look 한국어판

Play Framework Cookbook 한국어판

PhoneGap 한국어판

Cocos2d for iPhone 한국어판

OGRE 3D 한국어판

Android Application Testing Guide 한국어판

OpenCV 2 Computer Vision Application Programming
Cookbook 한국어판

Unity 3.x Game Development Essentials 한국어판

Ext JS 4 First Look 한국어판

iPhone JavaScript Cookbook 한국어판

Facebook Graph API Development with Flash 한국어판

CryENGINE 3 Cookbook 한국어판

워드프레스 사이트 제작과 플러그인 활용

반응형 웹 디자인

타이타늄 모바일 앱 프로그래밍

안드로이드 NDK 프로그래밍

코코스2d 게임 프로그래밍

WebGL 3D 프로그래밍

MongoDB NoSQL로 구축하는 PHP 웹 애플리케이션

언리얼 게임 엔진 UDK3

코로나 SDK 모바일 게임 프로그래밍

HBase 클러스터 구축과 관리

언리얼스크립트 게임 프로그래밍

카산드라 따라잡기

엔진엑스로 운용하는 효율적인 웹사이트

컨스트럭트 게임 툴로 따라하는 게임 개발 입문

하둡 맵리듀스 프로그래밍

RStudio 따라잡기

웹 디자이너를 위한 손쉬운 제이쿼리

센차터치 프로그래밍

노드 프로그래밍

게임샐러드로 코드 한 줄 없이 게임 만들기

안드로이드 데이터베이스 프로그래밍

아이폰 위치 기반 애플리케이션 개발

마이바티스를 사용한 자바 퍼시스턴스 개발

Moodle 2.0 이러닝 강좌 개발

티샤크를 활용한 네트워크 트래픽 분석

Ext JS 반응형 웹 애플리케이션 개발

아파치 톰캣 7 따라잡기

제이쿼리 툴즈 UI 라이브러리

코코스2d-x 모바일 2D 게임 개발

노드로 하는 웹 앱 테스트 자동화

하둡과 빅데이터 분석 실무

아이폰 애플리케이션 성능 튜닝

JBoss 인피니스팬 따라잡기

이클립스 4 플러그인 개발

JBoss AS 7 따라잡기

자바 7의 새로운 기능

코드이그나이터 MVC 프로그래밍

마리아DB 따라잡기

오파 웹 애플리케이션 개발

익스프레스 프레임워크로 하는 노드 웹 앱 프로그래밍

JBoss AS 7 애플리케이션 개발

Android Studio Application Development 한국어판

이클립스 Juno 따라잡기

Selenium 웹드라이버 테스트 자동화

R과 Shiny 패키지를 활용한 웹 애플리케이션 개발

자바스크립트로 하는 유니티 게임 프로그래밍

Jersey 2.0으로 개발하는 RESTful 웹 서비스

Python Design Patterns

Kali Linux 실전 활용

Building Machine Learning Systems with Python 한국어판

JavaScript Testing

유니티 NGUI 게임 개발

Sublime Text 따라잡기

Hudson 3 설치와 운용

Git을 이용한 버전 관리

유니티 Shader Effect 제작

아파치 Solr 4 구축과 관리

Emgu CV와 테서렉트 OCR로 하는 컴퓨터 비전 프로그래밍

언리얼 UDK 게임 개발

Cuckoo 샌드박스를 활용한 악성코드 분석

Laravel 웹 애플리케이션 개발

아파치 Kafka 따라잡기

C#으로 하는 유니티 게임 개발

Storm 실시간 빅데이터 분석 플랫폼

FTK를 이용한 컴퓨터 포렌식

AngularJS로 하는 웹 애플리케이션 개발

하둡 맵리듀스 최적화와 튜닝

BackBox를 활용한 침투 테스트와 모의 해킹

D3.js를 이용한 데이터 시각화

배시 셸로 완성하는 모의 해킹 기술

HTML5 데이터 처리와 구현

안드로이드 음성 인식 애플리케이션 개발

Unity로 하는 2D 게임 개발

언리얼 UDK 게임 디자인

모의 해킹을 위한 메타스플로잇

오픈플로우를 활용한 SDN 입문

Pig를 이용한 빅데이터 처리 패턴

R을 활용한 기계 학습

네트워크 검색과 보안 진단을 위한 Nmap 6

아파치 Mahout 프로그래밍

시스템 관리자를 위한 Puppet 3

게임 데이터 분석

유니티 4 게임 프로그래밍

Splunk 구현 기술

실전 예제로 배우는 반응형 웹 디자인

R 통계 프로그래밍 입문

Hadoop과 Solr를 이용한 기업용 검색 시스템 구축

3D 프린팅을 위한 구글 스케치업

모바일 게임 디자인과 개발 가이드

RESTful 자바 패턴과 실전 응용

HTML5 웹소켓 프로그래밍

Hadoop 보안

Yocto 프로젝트를 활용한 임베디드 리눅스 개발

jQuery로 만드는 모바일 & 웹 게임

Spark로 하는 고속 빅데이터 분석과 처리

matplotlib를 이용한 데이터 시각화 프로그래밍

Boost C++ 애플리케이션 개발

반응형 안드로이드 앱 UI 개발

파이썬을 활용한 네트워크 프로그래밍

jQuery Mobile로 하는 모바일 웹 개발

Neutron 오픈스택 네트워킹

Gerrit 코드 리뷰

아파치 Storm을 이용한 분산 실시간 빅데이터 처리

유니티 게임 AI 프로그래밍

이클립스 환경에서의 안드로이드 프로그래밍

Jasmine 자바스크립트 테스팅

RabbitMQ 따라잡기

R을 활용한 바이오인포매틱스

아파치 Camel 따라잡기

고급 이클립스 플러그인 개발

OpenCV 프로그래밍

자바 개발자를 위한 스칼라 프로그래밍

Ansible 설정 관리

유니티 2D 게임 만들기

RESTful 자바 웹 서비스 보안

유니티3D 게임 스크립트

Splunk 6 핵심 기술

칼리 리눅스를 활용한 모의 침투 테스트와 보안 진단

C# 실전 예제로 배우는
유니티3D 게임 스크립트

인 쇄 | 2015년 5월 22일
발 행 | 2015년 5월 29일

지은이 | 카일 다우스트
옮긴이 | 김 홍 중

펴낸이 | 권 성 준
엮은이 | 김 희 정
　　　　　 전 도 영
　　　　　 전 진 태
표지 디자인 | 한국어판_이승미
본문 디자인 | 선우숙영

인 쇄 | 한일미디어
용 지 | 한승지류유통

에이콘출판주식회사
경기도 의왕시 계원대학로 38 (내손동 757-3) (437-836)
전화 02-2653-7600, 팩스 02-2653-0433
www.acornpub.co.kr / editor@acornpub.co.kr

한국어판 ⓒ 에이콘출판주식회사, 2015, Printed in Korea.
ISBN 978-89-6077-704-0
ISBN 978-89-6077-210-6 (세트)
http://www.acornpub.co.kr/book/unity3d-scripting

이 도서의 국립중앙도서관 출판시도서목록(CIP)은 서지정보유통지원시스템 홈페이지(http://seoji.nl.go.kr)와
국가자료공동목록시스템(http://www.nl.go.kr/kolisnet)에서 이용하실 수 있습니다.(CIP제어번호: CIP2015014348)

책값은 뒤표지에 있습니다.